Marketing of Digital Society

디지털 사회의 마케팅

들어가며

　1980년대 중반 군사 독재정권에 대항하는 것이 지식층인 대학생의 하나의 숙명으로 여겨지던 시대에 정치학과에 입학했던 나는, 단순한 대학 생활의 호기심으로 경영대학 마케팅 강의실에 청강하면서 마케팅을 처음 접하게 되었다. 갓 대학 신입생이 마케팅이란 용어를 잘 이해할 리 만무하고 최루탄 속의 대학 캠퍼스에서는 학문적으로 마케팅에 접근할 수가 없었다. 대학원 졸업 후 신문사 기자, 공기업 직원으로 직장 생활을 하면서 한참 세월이 흘러 2000년 일본 히토츠바시—橋대학 MBA 과정에서 다시 마케팅을 접하게 되면서 본격적으로 마케팅을 공부하게 되었다. 당시 히토츠바시—橋대학 MBA 과정에는 세계적인 지식경영의 대가이신 노나카 이쿠지로野中 郁次郎 교수님이 지식경영을 강의하고 계셨고, 저의 지도교수님이시기도 한 다케우지 히로타카竹内 弘高 현 하버드 비즈니스 스쿨Harvard Business School 교수님도 전략 경영과 마케팅을 강의하고 계셨다. 이런 세계적 석학의 가르침 아래 경영학을 공부하면서 자연스럽게 마케팅을 다시 심도있게 공부할 수 있었다. 당시 나에게 하나의 신선한 충격으로 다가왔던 것은, 이 책에서도 자주 등장하는, 마케팅의 아버지로 추앙받고 있는 필립 코틀러Philip Kotler의 마케팅 관리Marketing Management라는 책이었다. 이전까지 마케팅 관련 책은 두껍고 복잡하고 채우기 위해 뭔가를 쑤셔 넣은 듯한 책이라는 느낌뿐이었는데, 필립 코틀러Philip Kotler의 마케팅 관리Marketing Management라는 책은 마케팅에 대하여 아주 간결하고 이해하기 쉽고 명확한 메시지를 전해주는, 말 그대로 사막의 오아시스 같은 마케팅 책이었다. 지금도 이 책은 나의 연구실 책장 가장자리에 위치하고 있으며 가끔씩 강의 전에 들여다 보고 있다. 디지털 사회의 마케팅이라는 이 책을 쓰게 된 이유도 같은 맥락이다. 대학에서 마케팅이라는 용어를 처음 접한 수강생이 70%~80%나 되는 교양 과정의 마케팅을 강의하면서, 이 학생들에게 보다 쉽고 간단하며 명확한 마케팅 지식을 전하는 방법을 고민하면서 이 책을 쓰기 시작했다. 국내 마케팅 서적이 모두 두껍고 복잡하고 화려한 컬러에만 치중하고 있는 것은 아니지만, 많은 마케팅 서적이 이런 형태를 띠고 있는 것은 사실이다. 또한, 나의 긴 직장 생활의 거의 대부분이 해외 영업 및 마케팅이었던 점도 이 책을 쓰는 하나의 동기가 되었다. 마케팅 이론과 실제 현장의 마케팅 경험을 결합하여 보다 현실감 있고 생동감 있게 마케팅 지식을 학생들에게 전달하고 싶었다. 특히, 삼성에서의 해외 영업 및 마케팅 경험을 가능한 많이 책 속에 녹여 넣어 보고 싶었다. 현장의 실제 마케팅 경험은 많지만 이론적인 마케팅 지식은 일천한 나에게 이 책은 하나의 학문적 업적을 과시하는 도구가 아니다. 그저 나의 수업을 진지하게 듣고 있는 많은 학생들에게 쉽고 간단하고 명확하게 마케팅 지식을 전하고 싶은 아주 단순하고 순수한 마음의 표현이 이 책이라고 받아들여 주었으면 한다. 나의 첫 저서로 이 책을 쓰지만 기존의 많은 마케팅 연구자들의 책이 큰 도움을 준 것은 부인할 수 없는 사실이며, 그들의 책의 양과 질에 못미치는 졸저일 수도 있다. 하지만, 나의 수업을 듣는 학생들을 위한 책, 누구나 가벼운 마음으로 쉽게 읽을 수 있는 마케팅 책이라는 평가를 듣는다면 아주 만족스러울 것이다. 이 책을 발간한 후에도 현재의 소박한 마케팅 지식에 안주하지 않고 계속적으로 수정하고 보완하는 노력을 게을리하지 않을 것이다.

2021년 1월 화성 봉담 연구실에서

CONTENTS

Chapter

03

소비자 행동

Chapter

04

표적시장
마케팅 전략
(STP 전략)

Chapter

05

제품 관리

Chapter

06

브랜드 관리

Chapter

07

가격 관리

Chapter

08

유통경로 관리

Chapter

11

디지털 사회의
뉴마케팅

Chapter
01

마케팅 패러다임의 변화

1. 마케팅의 개념

1 마케팅의 기본 개념 구조

마케팅의 기본 개념을 이해하기 위해서, 먼저 기본 개념들의 용어에 대한 정의에 익숙해져야 한다.

우선, 필요needs란, 기본적 만족의 결핍 상태로, 본원적 욕구라고도 하는데, 이러한 본원적 욕구에는 생리적 욕구, 안전 욕구, 애정 및 소속 욕구, 존경 욕구, 자아실현 욕구 등이 있다. 생리적 욕구는 숨 쉬고, 먹고, 자고, 입는 등 생활에 가장 기본적인 욕구를 말하며, 안전 욕구는 신체적 위험으로부터 보호받고 싶은 욕구이다. 애정 및 소속 욕구는 사랑하고 싶은 욕구, 어딘가에 소속되고 싶은 욕구 등이 이에 해당하며, 존경 욕구는 우리가 흔히들 말하는 명예욕, 권력욕 등이 이에 해당한다. 마지막으로, 자아실현 욕구는 자기 발전을 이루고 자신의 잠재력을 끌어내어 극대화하려는 욕구이다. 이러한 분류는 미국의 심리학자인 매슬로우Abraham H. Maslow가 제시한 '욕구 5단계설'에 근거한 것이다. 욕구 5단계설에 따르면, 인간은 5가지 욕구를 만족하려 하되, 우선순위가 있어서 가장 기초적인 욕구부터 차례로 만족하려 한다는 것이다. 이를 정리한 것이 [그림 1-1]이다. 매슬로우의 이론에 대한 일련의 후속 연구는 매슬로우의 위계적 관점이 허위임을 암시하고, 대부분 사람들은 수많은 본원적 욕구를 동시에 충족하고 싶어한다고 지적한다[1]. 하지만, 그럼에도 불구하고, 여전히 욕구 5단계설은 인간의 욕구를 설명하는 유용한 설명 도구로 많이 인용되고 있다. 다음으로 욕구wants란, 필요 즉, 본원적 욕구들 충족시키는 구체적 수단에 대한 바램으로, 구체적 욕구라고도 한다. 수요demands란, 구매 의지 및 구매력에 의하여 뒷받침되는 욕구를 말한다. 예를 들어, 소비자가 심한 갈증을 느끼면필요, 시원한 음료수를 마시고 싶은 생각이 들게 되고욕구, 돈을 가지고 시원한 콜라를 사게 되는 것이다수요. 이러한 필요-욕구-수요는 각 단계로 넘어갈수록 크기와 양이 줄어들고, 보다 구체화되는데, 예를 들면, 배가 고프고 갈증이 나고 비바람이 치면서 신변의 위험을 느끼고 잠도 푹 자고 싶은 상황에서, 우선 갈증과 배고픔을 해결하고자 하며, 수중에 돈이 얼마 없기 때문에 갈증 해소를 위해 생수를 먼저 사 마시는 상황을 생각해 볼 수 있다. 이를 정리하면 [그림 1-2]와 같다. 한편 용어상, 필요를 욕구로, 욕구를 요구로

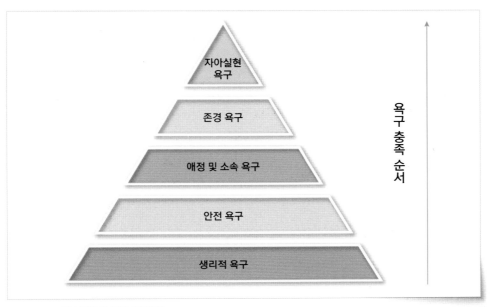

▲ 그림 1-1   매슬로우의 욕구 5단계설

표현하기도 한다[2].

　만족satisfaction이란, 필요, 욕구 및 수요를 충족시킬 경우, 소비자가 경험하는 긍정적인 감정을 말한다. 가치value란, 필요 및 욕구를 충족시키기 위하여 여러 가지 대안들을 평가하는데, 이러한 대안 평가의 지침이 되는 것을 말한다. 이러한 가치는 경제적 화폐 가치로 전환이 가능하다. 기업corporate은 교환의 주체로, 기본적인 목적은 생존과 성장이다. 이러한 목적을 달성하기 위하여, 제품과 서비스를 제공하여 매출을 발생시키고 이익을 취한다. 소비자consumer는 교환의 또 다른 주체로서, 기본적인 목적은 필요 및 욕구 충족이다. 가치를 기준으로 제품과 서비스를 평가하고, 화폐money로, 제품과 서비스를 구입하여 만족을 추구한다. 제품 및 서비스products and services란, 필요 및 욕구를 충족시키기 위하여 시장에서 제공되는 유형의 제품상품과 무형의 제품서비스을 말한다. 교환

1.　칩 히스, 댄 히스, 스틱, 웅진윙스, 2007년, p.253. 칩 히스와 댄 히스는, 일련의 후속 연구는 매슬로우의 위계적 관점이 허위임을 암시하며, 대부분의 사람들은 수많은 욕구들을 동시에 충족하고 싶어 한다고 서술함
2.　필립 코틀러, 마케팅관리론(Marketing Management 11판), 도서출판 석정, 2004년, p.19. 필립 코틀러는, 필요(needs), 욕구(wants), 수요(demands)를 욕구(needs), 요구(wants), 수요(demands)로 표현함

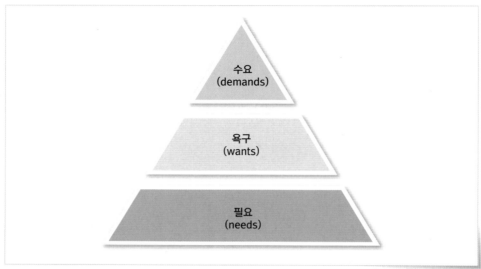

△ 그림 1-2   필요, 욕구 및 수요의 관계

exchange이란, 소비자가 가지고 싶은 것을 얻기 위하여 그 대가로 다른 것을 제공하는 행위를 말하는 것으로, 기본적으로 화폐가 매개수단이 된다. 시장market이란, 교환이 이루어지는 장소를 말하며 제품과 사람들의 집합으로, 크게 추상적 시장과 구체적 시장으로 나누어진다. 추상적 시장은 금융시장, 자본시장 등과 같이 눈에 보이지 않고 개념적으로만 존재하는 시장을 말하며, 구체적 시장은 남대문 시장 등과 같이 물리적으로 존재하는 시장을 말한다. 삼성전자의 갤럭시 노트20를 들어 설명해 보겠다. 삼성전자기업가 새로운 갤럭시 노트 시리즈인 갤럭시 노트20제품을 출시했다. 대학생인 A군소비자은 120만 원화폐을 주고 롯데하이마트구체적 시장에서 갤럭시 노트 20을 직접 구입하거나교환, 아니면, SK텔레콤 대리점구체적 시장에서 월 7만 원 요금제화폐로 구입할 수 있다교환. 또한, 다른 온라인 유통시장추상적 시장에서 120만 원보다 저렴한 115만 원화폐을 지불하고 구입할 수 있다교환. 이러한 마케팅의 기본 개념들을 바탕으로 마케팅의 기본 개념 구조를 [그림 1-3]과 같이 정리할 수 있다.

2 마케팅의 개념 정의

마케팅의 개념에 대한 정의는 학자나 관련 기관 등에 따라 다양하다. 일반적인 마케

🔺 그림 1-3 마케팅의 기본 개념 구조

팅의 정의는 소비자의 필요 및 욕구를 충족시키기 위하여, 제품 및 서비스가 시장에서 거래되거나 교환이 이루어지는 활동을 말한다. 이는 앞에서 살펴본 마케팅의 기본 개념 구조에 근거한 마케팅의 개념 정의이기도 하다. 이러한 마케팅이란 개념이, 구매자와 판매자가 있고, 시장이 형성되는 곳이라는 뜻이라면, 언제든 어디서든 존재해 왔다[3]. 마케팅의 아버지라고 추앙받는 필립 코틀러Philip Kotler는 다른 사람과 함께, 가치 있는 제품과 서비스를 창조하고 제공하며 또한 자유롭게 교환함으로써, 개인과 집단이 요구하고 필요로 하는 것을 획득하는 사회적 과정이라고 정의했다[4]. 이는 소비자의 관점에서 정의한 마케팅의 개념으로 볼 수 있다. 아울러, 그는 기업 입장에서의 마케팅을 "이익을 내면서 소비자의 필요를 충족시키는 것meeting needs profitably"으로 아주 간단 명료하게 정의하기도 했다[5]. 미국마케팅협회American Marketing Association, AMA는, 마케팅을 개인의 목적과 조직의 목적을 충족시키는 교환을 조장하기 위하여, 아이디어, 재화 및 서비스의 개념,

3. 폴 스미스, 마케팅이란 무엇인가, 거름, 2005년, p.21. 폴 스미스는, 어떤 사람들은 마케팅이란 개념이 구매자와 판매자가 있고, 시장이 형성되는 곳이라는 뜻이라면, 언제든 어디서든 존재해 왔다고 주장하고 있다고 기술함

4. 필립 코틀러, 마케팅관리론(Marketing Management 11판), 도서출판 석정, 2004년, p.16. 필립 코틀러는, 마케팅(marketing)은 다른 사람과 함께 가치가 있는 제품과 서비스를 창조하고, 제공하며 또는 자유롭게 교환함으로써 개인과 집단이 요구하고 필요로 하는 것을 그들이 획득할 수 있도록 하는 사회적 과정이라고 기술함

5. Philip Kotler, Marketing Management, Prentice-Hall, Inc., 2001, p.1. 필립 코틀러는, One of the shortest definitions of marketing is "meeting needs profitably"라고 기술함

가격 결정, 촉진 및 유통경로를 계획하고 실행하는 과정으로 정의했다. 하지만, 이후 '사회'라는 개념을 추가하여, 마케팅을 개인과 기업 간의 사적 거래를 뛰어넘는 영역으로 확대하여, 소비자와 파트너가 사회 전반에 가치 있는 제품, 서비스, 아이디어 등을 창출하고 커뮤니케이션하고 제공하고 교환하는 일련의 활동, 제도 및 프로세스를 의미하는 것으로 개념을 확장 정의했다. 이 정의는 대략 4만 명이 넘는 회원들의 일반적인 승인을 얻은 것이라고 한다[6].

2. 마케팅 개념의 발전

마케팅 활동에 대한 개념은 시대에 따라 변화하고 발전하여 왔는데, 이를 정리하면 [그림 1-4]와 같다.

생산 개념production concept의 마케팅은 산업혁명 발생부터 19세기 말까지, 수요가 공급을 초과한다는 전제로 대두된 개념이다. 수공업 생산 시기의 지배적 개념으로, 생산량 증대를 목표로 하기 때문에 생산성 및 효율성을 강조하고 광범위한 유통망도 중요하다. 제품 개념product concept의 마케팅은 소비자는 우수한 품질이나 효용의 제품을 선호한다는 가정을 전제로 한다. 따라서, 기업은 우수한 품질의 제품 설계에 초점을 맞추게 되고, 소비자는 제품 지식을 바탕으로 제품을 비교하고 제품의 특성 차이를 인식하게 된다. 당연한 결과로 경쟁업체가 증가하고, 유사 제품도 늘어나게 된다. 판매 개념selling concept의 마케팅은 경쟁업체의 제품보다 자사 제품을 소비자가 더 많이 구매하도록 설득하는 것이 필요하며, 이는 판매자 위주의 시장seller's market을 전제한다. 판매자인 기업이 중심이 되며 판매 촉진을 위한 활동이 중시되고, 이를 위해 판매 담당자는 광고 및 시장 조사 업무를 담당하게 되고, 나아가 판매원에 대한 훈련 및 판매 기법도 도입하게 된다. 이 경우, 기업의 목표는 '최대 판매 및 최대 이익'이 된다. 지금까지 말한 생산 개념, 제품 개념, 판매 개념의 마케팅은 모두 기업 입장에서 마케팅의 개념을 정의하는 기업 중심적 마케팅 개념이라고 할 수 있다. 마케팅 개념marketing concept의 마케팅은 기업의 마케팅 활동이 고객지향적으로 이루어지는 것을 말한다. 이는 판매자 위주의 시장seller's market

생산 개념 ▶ 제품 개념 ▶ 판매 개념 ▶ 마케팅 개념 ▶ 사회적 마케팅 개념

🔵 그림 1-4   마케팅 개념의 발전

과 대조하여, 구매자 위주의 시장buyer's market을 전제로 한다. 즉, 구매자인 소비자가 중심이 되는 마케팅이다. 단순히 대량 판매를 통한 수익 창출을 추구하는 것이 아니라, 고객 만족을 통한 수익 창출을 추구하는 것을 말한다. 1980년대 이후 급격한 사회적, 문화적, 정치적, 경제적 환경 변화 및 지구 온난화, 환경 오염, 자원 부족 등 환경 문제에 대한 관심이 부각되면서 사회적 마케팅 개념societal marketing concept의 마케팅이 등장하게 된다. 이는 소비자의 단기적 욕구 충족과 사회의 장기적 복지 및 기업의 이익 사이에 균형이 필요하다고 보는 개념이다. 다시 말해서, 소비자의 욕구 충족을 최우선으로 하는 마케팅 개념의 타당성에 의문을 갖고, 사회적 환경적 문제에 대한 관심과 대응이 기업의 수익성 추구와 조화를 이루어야 한다는 개념이다. 최근 기업의 사회적 책임CSR, Corporate Social Responsibility이 강조되는 것도 이와 같은 맥락인 것이다. 또한, 대의 마케팅cause-related marketing 또는 공익 마케팅cause marketing의 개념도 대두되고 있는데, 이는 기업이 소비자와 상호이익을 위하여 하나의 또는 여러 가지 대의명분하에 상호 동반자 관계를 구축하는 활동을 의미한다. 대의 마케팅은 1980년대 미국 신용카드회사인 아메리칸 익스프레스American Express가 자사 신용카드 1회 사용 시, 자유의 여신상 보수비용 1센트를 기부한 데서 비롯되었다. 따라서, 사회적 마케팅 개념의 마케팅은 소비자 만족과 기업 이윤 추구라는 마케팅 개념에, 사회복지 향상이라는 새로운 개념이 추가된 것으로 이해하면 된다. 이를 정리한 것이 [그림 1-5]이다.

📍
6. 윌리엄 A. 코헨, 리더스 윈도우, 쿠폰북, 2010년, p.344. 윌리엄 A. 코헨은, 미국마케팅협회(AMA)가 내린 정의는 대략 4만 명에 이르는 북미 최대의 마케팅학회로 성장하고 있는 모임 회원들의 일반적인 승인을 얻은 것이라고 기술함

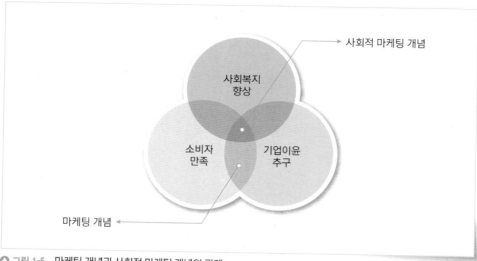

사회적 마케팅 개념

사회복지
향상

소비자
만족

기업이윤
추구

마케팅 개념

⬤ 그림 1-5 마케팅 개념과 사회적 마케팅 개념의 관계

3. 마케팅 패러다임의 변화

 1 디지털 사회의 도래에 따른 마케팅 환경의 변화

마케팅을 둘러싼 환경은 정보통신 기술의 비약적인 발달로 이전에 경험하지 못했던 정치적, 경제적, 사회적, 기술적으로 엄청난 변화를 겪고 있으며, 이는 디지털 사회의 도래라는 용어로 집약할 수 있다. 이러한 디지털 사회의 가장 큰 특징은 플랫폼을 기반으로 하는 네트워크상의 연결성이라 할 수 있으며, 디지털 기술의 핵심은 돈 한 푼 들이지 않고 타인과의 상호교류 및 공유가 가능하게 되었다는 점이다[7]. 필립 코틀러Philip Kotler도 신경제의 밑바탕을 이루는 요소 중 하나로 디지털화와 연결성을 꼽고 있다[8]. 따라서, 디지털 사회의 핵심요소인 연결관계에 대한 이해, 이용 및 관리 능력이 기업의 성공과 실패의 요인이 되기도 한다. 아울러, 이러한 연결 관계가 각 부문의 융합을 촉진하는 역할도 하며, 사용자 간 연결, 제품 간 연결, 기능적 연결이 동시에 이루어지고 있다. 사용자 간 연결이란 무선 기기나 콘텐츠를 이용하는 개별 사용자들이 연결되는 것을, 제품 간 연결이

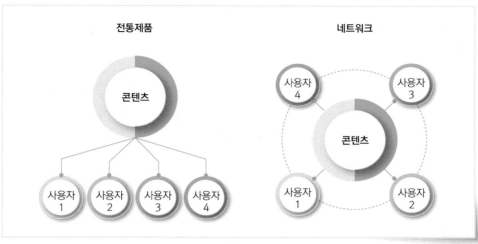

△ 그림 1-6　전통 제품과 네트워크상 콘텐츠의 사용 비교[9]

란 스마트 폰과 자동차 간 연결, 가수의 CD와 콘서트의 연결 등과 같은 각 제품들 간의 연결을, 기능적 연결이란 한 기업의 제품이나 서비스가 제공하는 기능, 예를 들어, 신문의 경우, 뉴스 속보 제공 기능과 탐사 보도 제공 기능의 연결을 말하는 것이다. [그림 1-6]는 전통 제품의 콘텐츠가 사용자에게 전해지는 형태와 디지털 사회의 네트워크상에서 콘텐츠가 사용자에게 전해지는 형태를 비교한 것이다. 그림에서 알 수 있는 듯이, 전통 제품의 경우, 각 사용자가 독립하여 콘텐츠를 사용하는 반면, 네트워크상에서는 사용자들이 서로 연결되어 콘텐츠를 사용하고, 사용하고 있는 콘텐츠를 서로 공유할 수 있다.

　디지털 사회에서 마케팅의 성공 사례는 많이 있다. 그 중에서도 방탄소년단BTS의 성공 사례는 가장 두드러진 사례이다. BTS의 성공 요인에 대한 해석은 다양하다. 하지만, 여러 성공 요인들 중에서, 가장 두드러진 요인은 소셜 미디어를 통한 팬덤fandom, 팬(fan과 집

7.　바라트 아난드, 콘텐츠의 미래, 리더스북, 2017년, p33. 바라트 아난드는, 오늘날 사용자들은 거의 돈 한 푼 들이지 않고 다른 사람들과 교류할 수 있으며, 바로 이것이 디지털 기술의 핵심이라고 주장함

8.　필립 코틀러, 마케팅관리론(Marketing Management 11판), 도서출판 서정, 2004년, p.52. 필립 코틀러는, 신경제의 밑바탕을 이루는 네 가지 특별한 추진 요인 4개, 즉, 디지털화와 연결성, 반중개화와 재중개화, 고객화와 고객 주문화, 산업 집중을 제시함

9.　바라트 아난드, 콘텐츠의 미래, 리더스북, 2017년, p.68. 바라트 아난드는, 전통적 제품과 네트워크 제품을 그림으로 비교하고 있는데, 이를 수정하여 정리함

🔵 그림 1-7   BTS 공연 및 ARMY

단dom)의 합성, ARMY의 형성이라 할 수 있다. 즉, BTS의 성공은 디지털 사회의 가장 큰 특징의 하나인 소셜 미디어를 이용한 연결 관계를 잘 활용한 결과라고 할 수 있다. 또한, BTS는 '어떤 콘텐츠를 만들 것인가What'가 아닌, '어떻게 콘텐츠를 전달할 것인가How'에 초점을 두었으며, 이는 소셜 미디어라는 연결 관계를 활용하는 것으로 이어지게 된 것이다. 최근 BTS가 한국 가수 최초로 미국 빌보드Billboard 싱글 차트 1위에 오르고, BTS가 연간 1조 7천억 원에 이르는 경제적 파급 효과를 이끌었다는 분석도 있다[10]. [그림 1-기은 BTS의 공연 및 ARMY의 모습이다.

2 디지털 사회의 특징

앞에서 디지털 사회의 가장 큰 특징은 연결 관계라고 정의하였지만, 이와 관련하여 디지털 사회는 다음과 같은 특징들을 가지고 있다. 우선, 산업 간의 융합 현상이 두드러진다. 익히 아는 바와 같이 영화, 음반 및 게임 산업 간의 융합이 일어나고 있으며, 이종 업종 간의 융합, 예를 들어, 은행업과 커피산업의 융합은행지점에 카페 운영, 골프산업과 미용업의 융합골프장에서의 염색약 판촉 등도 이제는 친숙한 산업 간 융합 형태로 우리 곁에 다가오고 있다. 또한, 디지털 사회의 고객은 구매 패턴이 다양하고, 욕구 충족 과정이 복잡화하는 등 과거와 달리 고객의 특성이 더 자주 더 빨리 변화하고 있다. 이에 따라, 고객의 욕구에 맞춘 제품 및 서비스가 더욱더 요구되고 있다. 결론적으로 연결 관계에 기초한 디지털 사회에서는 고객과 기업 간에 한층 더 밀접한 상호작용이 활발히 이루어지고 있는 것이다. 이에 따라 디지털 사회에서는, 기업의 경우에는 우선, 과거에 비해 훨씬 더 넓은 영역의 고객을 대하게 되었고, 이와 동시에 개별 고객에 대한 맞춤 제품 및 서비스를 제공하여야 하는 이중적 고객 대응 자세가 필요하게 되었다. 이를 위해 더욱 신속한 거래를 추구하게 되고, 쌍방향 커뮤니케이션에도 주력하게 되었다. 또한, 고객의 경우에도, 언제든지 어디서든지 원하는 정보의 획득이 가능해지면서, 구매자의 파워가 실질적으로 증가하게 되었으며, 이용 가능한 제품 및 서비스도 다양화되었다.

3 마케팅 패러다임의 변화; 총체적 마케팅 개념의 대두

디지털 사회의 도래에 따른 마케팅에 대한 패러다임이 변화함에 따라 새로운 마케팅 개념이 필요하게 되었다. 패러다임paradigm이란 어떤 시대의 사람들의 견해나 사고를 근본적으로 규정하는 인식의 체계, 또는 사물에 대한 이론적 틀이나 체계를 지칭한다. 기존의 마케팅 개념의 마케팅이나, 사회적 마케팅 개념의 마케팅을 보다 확장하여, 기업, 고객 및 협력업체 간 네트워크상에서 상호의사소통과 상호작용이 이루어지는 역동적 개념으로서, 총체적 마케팅 개념holistic marketing concept이 등장하게 되었다. 총체적 마케팅 holistic marketing은 제품 중심이나 고객 중심의 단편적인 마케팅이 아닌 총체적으로 접근하는 마케팅을 지칭한다. 즉, 총체적 마케팅은 마케팅 프로그램, 과정, 활동의 폭과 상호의존성을 인식하고, 이들의 개발, 설계와 실행에 근거를 두는 관점으로 마케팅과 관련되는 모든 부문이 중요하다. 즉, 광범위하고 통합적인 식견을 갖는 것이 필요하다. 따라서, 총체적 마케팅 개념holistic marketing concept은 여러 가지 측면에서 기존의 마케팅 개념과 구별이 된다. 우선, 총체적 마케팅은 '개별 고객 요구'에서 개념 정의가 시작된다. 판매 개념의 마케팅에서는 시작이 '공장'이고, 마케팅 개념의 마케팅에서는 시작이 '시장'이다. 두 번째, 총체적 마케팅은 '고객 가치와 협력 네트워크'에 초점을 맞춘다. 이에 반해, 판매 개념의 마케팅은 '제품', 마케팅 개념의 마케팅은 '고객 욕구'에 초점이 있다. 세 번째, 총체적 마케팅은 그 수단으로 '데이터베이스 관리와 협력업체를 연결하는 가치사슬value chain 통합'을 선택한다. 가치사슬value chain이란 기업이 제품 또는 서비스를 생산하기 위해 원재료, 노동력, 자본 등의 자원을 결합하는 과정을 지칭하는 것으로, 경영전략의

---

10. 문화체육관광부는 2020년 9월1일 방탄소년단 신곡 다이너마이트의 빌보드 '핫(HOT) 100 차트' 1위에 따른 경제적 파급 효과를 분석한 결과, 그 규모는 1조 7천억 원에 이를 것으로 추산하였음

구분	출발점	초점	수단	목적
판매 개념	공장	제품	판매와 촉진	대량 판매를 통한 수익 증대
마케팅 개념	시장	고객 욕구	통합적 마케팅	고객 만족을 통한 수익증대
총체적 마케팅 개념	개별 고객 요구	고객 가치 협력 네트워크	데이터베이스 관리와 협력업체를 연결하는 가치사슬 통합	고객 점유율, 고객 충성도, 고객생애 가치 획득을 통한 수익 증대

⬤ 표 1-1   판매 개념, 마케팅 개념과 총체적 마케팅 개념 비교[12]

대가인 하버드대학교 마이클 포터Michael E. Porter 교수가 개념을 정립했다[11]. 이에 대해, 판매 개념의 마케팅은 '판매와 촉진'을, 마케팅 개념의 마케팅은 '통합적 마케팅'을 그 수단으로 한다. 통합적 마케팅integrated marketing은 기업의 마케팅 담당자만이 아니라 모든 구성원들이 고객 지향적인 마케팅 활동을 수행하는 것을 말하는데, 기업의 모든 부서 구성원들의 협력 및 부서 간의 조정이 필요하다. 마지막으로, 총체적 마케팅은 '고객 점유율, 고객 충성도, 고객 생애 가치customer lifetime value 획득을 통한 수익 증대'를 목적으로 한다. 고객 생애 가치customer lifetime value란 소비자가 평생에 걸쳐 구매할 것으로 예상되는 이익의 현재가치를 말한다. 이에 반해, 판매 개념의 마케팅은 '대량 판매를 통한 수익 증대', 마케팅 개념의 마케팅은 '고객 만족을 통한 수익 증대'를 목적으로 한다. 판매 개념, 마케팅 개념, 총체적 마케팅 개념의 마케팅을 비교하여 정리하면 [표 1-1]과 같다.

 4. 뉴마케팅의 등장

1 새로운 마케팅 믹스의 등장

마케팅 믹스marketing mix란 마케팅 목표를 달성하기 위하여 기업이 사용하는 마케팅 수단도구의 집합을 말한다. 마케팅 믹스란 말은 1950년대 닐 보든Neil Borden이 처음 사용한 이후, 마케팅의 일반적 용어로 받아들여지게 되었으며, 가장 흔히 일컬어지는 마케

생산자 중심	고객 중심	감성 중심	인간 중심
4P	4C	4E	4C
제품 (product)	고객 편익 (customer benefits)	고객 전도사 (evangelist)	공동 창조 (co-creation)
가격 (price)	고객 비용 (cost to customer)	열정 (enthusiasm)	통화 (currency)
유통 (place)	편의성 (convenience)	체험 (experience)	공동체 활성화 (communal activation)
촉진 (promotion)	커뮤니케이션 (communication)	교환 (exchange)	대화 (conversation)

▲ 표 1-2 마케팅 믹스의 변천

팅 믹스는 4P이다. 4P는 1960년대 제롬 매커시Jerome McCarthy가 제안한 이래 지금까지도 널리 활용되는 마케팅 믹스이다. 이러한 마케팅 믹스도 시대에 따라 변천하여 왔다. 먼저, 생산자 중심의 마케팅 믹스이다. 앞에서 말한 4P가 대표적이다. 4P는 제품product, 가격price, 유통place, 촉진promotion을 말한다. 다음은, 고객 중심의 마케팅 믹스이다. 이를 4C라고 하는데, 고객 편익customer benefits, 고객 비용cost to customer, 편의성convenience, 커뮤니케이션communication을 지칭한다. 4C는 마케팅의 아버지라고 추앙받는 필립 코틀러Philip Kotler가 제시한 마케팅 믹스이다. 또한, 감성 중심의 마케팅 믹스도 등장했는데, 이를 4E라고 한다. 4E는 고객 전도사evangelist, 특정 기업을 위해 자발적 영업을 하는 충성고객, 열정enthusiasm, 체험experience, 교환exchange, 관계를 바탕으로 한 경험 및 정보의 교환을 가리킨다. 최근에는 인간 중심의 마케팅 믹스도 대두되었는데, 이는 앞서 설명한 고객 중심의 마케팅 믹스인 4C와 구별하여 또 다른 4C를 말한다. 이 4C는 공동 창조co-creation, 통화currency, 동태적 가격, 공동체 활성화communal activation, 대화conversation를 가리키며, 이 또한 필립 코틀러Philip Kotler가 제시했다. 결론적으로 기존의 4P라는 마케팅 믹스에서, 새로운 마케팅 믹스인 4C, 4E, 4C가 차례로 등장한 것이다. 마케팅 믹스의 변천을 정리하면, [표 1-2]와 같다.

11. Michael E. Porter, On Competition, Harvard Business School Publishing, 1998, p.77. 마이클 포터는, 가치 사슬(The Value Chain)을 회사 인프라, 인적 자원 관리, 기술 개발 및 구매 등의 지원 활동(support activities)과 내부 로지스틱스, 운영, 외부 로지스틱스, 마케팅 및 영업, 서비스 등의 기본 활동(primary activities)으로 구분하여 자세히 설명하고 있음

12. 박종오, 권오영, 편해수, 마케팅, 북넷, 2018년, p12, p.22. 박종오 등은, 판매 개념, 마케팅 개념, 총체적 마케팅 개념을 따로 구분하여 설명하고 있는데, 3가지 개념을 종합하여 정리하였음

구분	제품 중심의 마케팅1.0	소비자 지향의 마케팅2.0	가치 주도의 마케팅3.0
목표	제품 판매	고객 만족 및 보유	더 나은 세상 만들기
동인	산업혁명	정보화 기술	*뉴웨이브 기술
기업이 시장을 보는 방식	물리적 필요를 지닌 대중 구매자들	이성과 감성을 지닌 영리한 소비자	이성, 감성, 영혼을 지닌 완전한 인간
핵심 컨셉	제품 개발	차별화	가치
기업의 지침	제품 명세	기업 및 제품의 포지셔닝	기업의 미션, 비전, 가치
가치 명제	기능	기능 및 감성	기능, 감성, 영성
소비자와의 상호작용	일대다 거래	일대일 관계	다대다 협력

• 뉴웨이브 기술; 개인 및 집단간의 연결성과 상호작용성을 용이하게 해 주는 기술을 지칭하는 것으로, 저렴한 컴퓨터와 휴대폰
와 같은 하드웨어(Hardware), 저비용 인터넷과 같은 인프라(Infrastructure), 오픈 소스와 같은 소프트웨어(Software)의 3가
지 핵심 요소를 필요로 한다

⬆ 표 1-3   마케팅 1.0, 2.0 및 3.0 비교[13]

2   마케팅 1.0, 2.0 및 3.0

앞에서 마케팅 개념의 발전을 시대에 따라 설명했다. 이러한 마케팅 개념을 토대로 필립 코틀러Philip Kotler는 새로운 마케팅 개념의 버전으로 마케팅 1.0, 2.0 및 3.0으로 나누어 설명했다. 마케팅 1.0은 제품 중심의 마케팅을 말하는 것으로, 산업화 시대의 마케팅 개념이다. 이는 제품을 표준화하고, 생산비를 최소화하며 생산량을 최대화하는 것이 최대의 관심사이며, 거래 지향적 마케팅이라고 할 수 있다. 마케팅 2.0은 소비자 중심의 마케팅을 말하는 것으로, 정보화 시대의 마케팅 개념이다. 이는 소비자 지향으로 소비자의 필요needs와 욕구wants를 파악하고, 소비자에게 만족과 감동을 주는 것이 최대의 관심사이며, 관계 지향적 마케팅이라 할 수 있다. 마케팅 3.0은 가치 주도의 마케팅을 말하는 것으로, 가치 주도의 시대에 고객을 단순히 소비자로 대하는 것이 아니라, 이성, 감성, 영혼을 지닌 전인적 존재로 인식하는 마케팅 개념이다. 이는 마케팅 2.0과 같이 소비자 만족을 목표로 하지만, 단순히 고객 만족과 이익 실현을 넘어서, 좀 더 큰 미션, 비전 및 가치를 통해 세상에 기여하고자 하는 것으로, 소비자의 참여를 이끌어내는 협력 마케팅이라고 할 수 있다. 마케팅 1.0, 2.0 및 3.0을 비교 정리하면 [표 1-3]과 같다.

3 현재의 마케팅; 마케팅 3.0

앞에서 마케팅 3.0에 대하여 간략하게 설명하였지만, 필립 코틀러_{Philip Kotler}가 제시한 마케팅 3.0에 대하여 좀 더 자세하게 들여다보겠다. 마케팅 3.0은 소비자의 참여를 이끌어내는 협력 마케팅으로 언급했지만, 필립 코틀러_{Philip Kotler}는 3개의 마케팅, 즉, 협력 마케팅, 문화 마케팅, 영혼 마케팅을 제시했다.[14] 이를 위해 현재에 이르기까지 비즈니스 형성에 기여해 온 3가지 영향력을 고찰하여, '참여의 시대', '세계화라는 패러독스의 시대', '창의적 사회의 시대'로 분류하고, 이를 마케팅 3.0과 결합하여 설명하고 있다. 참여의 시대에는 협력 마케팅이 중심이 된다. 디지털 기술의 연결성과 상호 작용성으로 소셜미디어가 활성화되어, 소비자는 단순한 소비자에서 생산에 직접 참여하는 프로슈머_{prosumer}, 즉 생산자_{producer}와 소비자_{consumer}의 결합으로 변신한다. 기업 또한, 이해 관계자간의 협력이 마케팅에 필수적인 요소가 된다. 세계화 시대에는 문화 마케팅이 자연스럽게 부상하게 된다. 소비자의 입장에서는 필요_{needs}와 욕구_{wants}를 넘어 영혼을 울릴 수 있는 마케팅이 필요하며, 이를 위해서는 문화를 활용한 제품, 서비스 및 기업의 차별화가 이루어져야 한다. 따라서, 기업 입장에서도 문화의 다양성에 대한 이해를 기반으로 한 문화 마케팅이 필요하다. 창의적 사회에서는 영혼 마케팅이 필요하다. 창의적 소비자들은 자신들의 영적 측면까지 감동하게 하는 경험과 비즈니스 모델을 찾게 되며, 물질적 충족보다는 자기실현의 충족이 더 중요하게 생각한다. 따라서, 기업도 영적 수준에 도달할 수 있어야 하며, 물질적 목적을 넘어 자기실현도 추구하여야 한다. 마케팅 3.0의 개념을 정리하면 [그림 1-8]과 같다.

4 미래의 마케팅; 마케팅 4.0

필립 코틀러_{Philip Kotler}는 4차 산업혁명이 변화시킨 새로운 마케팅 트렌드에 주목하여 마케팅 역사에서 가장 중요한 게임 체인저_{game changer}로 '연결성'을 꼽고, 디지털 사회의

---

13. 필립 코틀러, 마켓 3.0, 타임비즈, 2012년, p.23. 필립 코틀러는, 1.0 시장, 2.0 시장, 3.0 시장으로 구분하여 설명하고 있는데, 이를 수정하여 정리한 것임

14. 필립 코틀러, 마켓 3.0, 타임비즈, 2012년, p.24. 필립 코틀러는, 3.0 시장에서의 마케팅을 협력 마케팅, 문화 마케팅, 영혼 마케팅의 결합체로서 보다 잘 이해될 것이라고 주장함

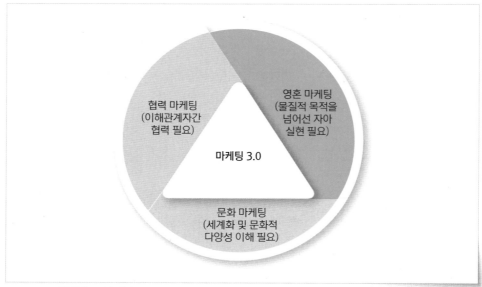

◯ 그림 1-8 마케팅 3.0의 개념

새로운 마케팅으로 마케팅 4.0을 제시했다. 마케팅 4.0은 인간의 가치 중심적인 마케팅 3.0보다 훨씬 더 인간 중심적인 마케팅 개념이다. 또한, 마케팅 4.0은 제품 중심의 마케팅 1.0, 소비자 지향의 마케팅 2.0, 가치 주도의 마케팅 3.0과 구분되는, 온라인과 오프라인의 상호작용을 통합한 마케팅이다. 앞에서 설명한 새로운 인간 중심의 4C, 공동 창조co-creation, 통화currency, 공동체 활성화communal activation, 대화conversation가 마케팅 4.0의 기본적인 마케팅 믹스이다. 또한, 이러한 마케팅 4.0을 위하여, 인간 중심human-centric의 마케팅, 콘텐츠contents 마케팅, 옴니 채널omni-channel 마케팅, 참여engagement 마케팅을 제안했다[15].

먼저 인간 중심의 마케팅human-centric marketing이란, 친구처럼 진정성 있는 브랜드 만들기가 필요하며, 이를 위하여 브랜드를 인간과 같은 속성을 지닌 것으로 의인화시켜야 한다는 것이다. 인공지능과 로봇공학이 일상화된 현실 속에서 인간은 의식적으로 무의식적으로 정체성에 대하여 불안감을 느끼고 있으며, 이러한 불안감을 해소하기 위해서 인간처럼 행동하는 브랜드 구축이 필요하다는 것이다. 콘텐츠 마케팅contents marketing이란, 연관성과 지속성을 가진 가치 있는 콘텐츠를 만들고 유통시켜서 이를 지지하는 소비자를 만들고, 이러한 소비자들의 구매 행동을 통해 수익을 창출하도록 하는 마케팅을 말한다. 이러한 가치 있는 콘텐츠의 유형의 하나가 '강력한 이야기'로, 이를 통해 소비자와 대화를 시작하고 브랜드에 대한 호기심을 자극하는 것이다. 옴니 채널 마케팅 omni-channel marketing은 온라인, 오프라인, 모바일 등 다양한 경로를 통해 제품을 검색하고 구매하도록 하는 것으로, 어떤 유통환경에서든 같은 매장을 이용하는 것처럼 느낄 수 있는 쇼핑 환경을 조성하는 것이 중요하다. 즉, 전통적 미디어와 디지털 미디어, 그리고 소비자 경험이 통합하는 마케팅이며, 이를 통하여 브랜드로의 몰입을 유도하는 것이다. 이러한 옴니 채널 마케팅에는 쇼루밍showrooming, 오프라인 매장에서 제품을 살펴보고 실제 구매는 온라인 사이트에서 하는 형태, 웹루밍webrooming, 온라인으로 제품을 확인하고 오프라인 매장에서 구입하는 형태, 모루밍morooming, 오프라인 매장에서 제품을 살펴보고 실제 구매는 스마트폰으로 하는 형태, 크로스 오버 쇼핑cross-over shopping, 쇼루밍과 웹루밍의 결합 형태로, 온라인과 오프라인을 넘나드는 쇼핑형태 등 다양한 형태가 있다. 마지막으로, 참여 마케팅engagement marketing은 고객이 적극적으로 마케팅 활동에 직접 참여하는 과정뿐 아니라, 그 결과로 고객과의 긴밀한 관계를 구축하는 과정도 포함하는 개념이다. 참여 마케팅은 결국 브랜드 친밀감을 높이기 위한 마케팅으로, 이를 위하여 모바일 앱을 이용하여 디지털 고객의 경험을 향상시키고, 고객을 대화에 참여시켜서 솔루션을 제공하는 것으로, 이를 위해 고객관계관리CRM, customer relationship management를 적용한다. 고객관계관리CRM, customer relationship management란, 고객과 관련된 기업의 내외부 자료를 분석 통합하여 고객 특성에 기초한 마케팅 활동을 계획하고, 지원하며, 평가하는 과정을 말한다. 또한, 게임화gamification, 즉 게임을 통해 고객들의 참여를 보다 적극적으로 유도한 소통 전략 등을 구사하기도 한다.

15. 필립 코틀러, 마켓 4.0, 더 퀘스트, 2017년. 필립 코틀러의 마켓 4.0에서 필요한 부분을 인용하여 이를 종합하여 정리하였음

Chapter

02

전략적 마케팅 계획

 1. 전략적 마케팅 계획의 개념

우선, 마케팅 계획과 관련된 몇 개의 개념들을 살펴보겠다. 먼저, 전략strategy이란, 장기적인 목표를 달성하기 위한 광범위하고 일반적인 계획을 말하는 것으로, 기업 외부의 환경 변화에 따른 기회와 위협에 대처하고, 기업 내부의 인적 물적 자원을 적절히 배분하여, 경쟁 우위를 유지하려는 활동을 의미하기도 한다. 이러한 전략의 개념을 전제로 기업의 활동 계획을 나누면, 크게 전략적 계획, 전술적 계획, 운영적 계획으로 나눌 수 있다. 전략적 계획strategic plan은 전사적이고 장기적 관점에서 자원을 효율적으로 배분하는 계획으로, 미래의 청사진을 수립하는 활동이자, 최고경영층이 세우는 계획을 의미한다. 전술적 계획tactical plan은 전략적 계획을 현실에서 실현하는 계획으로, 중간관리자에 의한 계획을 말한다. 이는 전략적 계획을 지원하는 단기적인 특정한 전략이나 전술을 가리키며, 연간 계획이나 2~3년 계획의 형태로 표현된다. 운영적 계획operational plan은 전술적 계획을 실행하는 운영 계획으로, 하위관리자에 의한 계획을 말한다. 이는 보통 일일 활동 계획, 분기별 활동 계획, 반년 활동 계획 등으로 나타난다. 결론적으로 전략적 계획 → 전술적 계획 → 운영적 계획의 구조가 형성되는 것이다.

이러한 전략 및 계획에 관한 개념을 토대로, 전략적 마케팅 계획strategic marketing plan을 정의한다면, 이는 전사적 차원에서 기업의 외부 환경을 분석하고 기회 요인과 위협 요인을 파악하며, 기업의 목표와 내부 자원을 긴밀하게 대응시켜 지속적으로 발전해 가는 관리 과정이라고 할 수 있겠다. 이런 전략적 마케팅 계획에는 당연히 전술적 마케팅 계획, 운영적 마케팅 계획이 포함된다.

 2. 전략적 마케팅 계획의 수립 과정

1 **전략적 마케팅 계획 수립 과정 개관**

전략적 마케팅 계획의 수립 과정은 크게, 기업의 사명 및 비전을 정하는 단계, 기업을

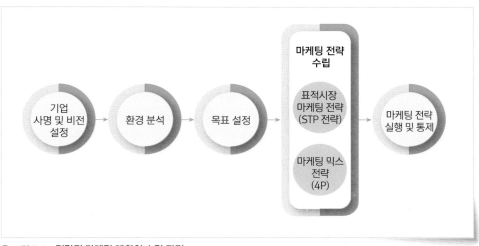

△ 그림 2-1 전략적 마케팅 계획의 수립 과정

둘러싼 환경을 분석하는 단계, 기업의 목표를 설정하는 단계, 마케팅 전략을 세우는 단계, 그리고, 마케팅 전략을 실행하고 통제하는 단계로 구분된다. [그림 2-1]은 전략적 마케팅 계획의 수립 과정을 도표화한 것이다.

2 기업 사명 및 비전 설정

전략적 마케팅 계획을 수립하기 위해서는, 가장 먼저, 기업의 사명을 명확히 하여야 한다. 기업의 사명mission이란, 기업의 존재 목적이자 전략 수립과 실행의 근본적인 지침을 말한다. 보통의 경우, 최고경영층의 철학이 반영되어 있으며, 기업의 정체성을 부여하고 기업의 발전 방향을 제시하며 기업의 존재 목적을 개략적으로 표현하는 것이다. 이러한 사명을 명시적으로 표현한 것이 사명 선언서mission statement이다. 이는 사업 이유를 이상적으로 표현하고, 존재 이유나 임무 등을 설명해 놓은 선언서이다. 글로벌 기업의 경우, 보통 이러한 사명 선언서를 가지고 있다. [그림 2-2]는 삼성과 애플Apple의 사명 선언서이다.

앞서 설명한 사명을 토대로 기업은 비전vision을 제시하여야 한다. 비전vision이란, 기업의 사명을 성취하기 위하여 수립한 중장기적인 전략목표를 달성한 미래의 모습이다. 이는 장기적으로 구현하고자 하는 바람직한 모습을 담고 있으며, 사명보다 가시적으로 설정되어야 한다. [그림 2-3]은 삼성과 CJ의 비전이다.

인간의 삶을 풍요롭게 하고 사회적 책임을 다하는 지속 가능한 미래에 공헌하는 혁신적 기술, 제품 그리고 디자인을 통해 미래 사회에 대한 영감 고취

전세계의 학생, 교육자, 창조적인 전문가, 소비자들에게 우리의 혁신적인 하드웨어, 소프트웨어, 인터넷 제공을 통해 최고의 개인적인 컴퓨터 경험을 하게 하는데 기여한다

◯ 그림 2-2 사명 선언서의 예

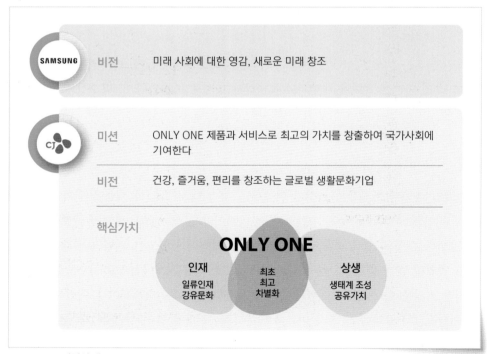

비전   미래 사회에 대한 영감, 새로운 미래 창조

미션   ONLY ONE 제품과 서비스로 최고의 가치를 창출하여 국가사회에 기여한다

비전   건강, 즐거움, 편리를 창조하는 글로벌 생활문화기업

핵심가치

ONLY ONE

인재
일류인재
강유문화

최초
최고
차별화

상생
생태계 조성
공유가치

◯ 그림 2-3 비전의 예

3 환경 분석

기업의 사명과 비전을 설정하고 나면, 기업이 처한 환경을 분석하여야 한다. 환경 분석

외부환경 　　　　　内부환경	강점(S)	약점(W)
기회(O)	SO전략 강점요인 활용 기회요인 활용	WO전략 약점요인 보강 기회요인 활용
위협(T)	ST전략 강점요인 활용 위협요인 극복	WT전략 약점요인 보강 위협요인 극복

▲ 표 2-1　SWOT 분석에 따른 전략

이란 기업에 대한 위협 요인을 피하고, 기회 요인을 잡을 수 있도록 기업 외부 및 내부 환경을 분석하고 진단하는 과정을 말한다. 환경은 지속적으로 변화하기 때문에 이러한 변화를 지속적으로 탐색하고 모니터링하는 것이 필요하다. 환경 분석에서 기업이 조직의 내부 환경 및 외부 환경을 탐색하고 평가하는 것은 결과적으로 마케팅의 기회 요인과 위협 요인을 파악하는 것이라고 할 수 있다. 이런 환경 분석을 크게, 기업을 둘러싼 내외부 환경을 분석하는 SWOT 분석 및 5요소 분석, 기업의 개별 사업단위의 매력도를 분석하는 사업 포트폴리오 분석, 기업의 성장을 위한 전략을 제시하는 기업 성장성 분석의 3개 분야로 나누어 살펴보도록 하겠다.

우선, 기업의 내부 및 외부 환경을 분석하는 분석 도구로, 가장 대표적인 것이 SWOT 분석이다. SWOT 분석SWOT analysis은 내부 환경 분석과 외부 환경 분석으로 나뉜다. 내부 환경 분석internal environment analysis은 기업의 주요 기능, 문화, 조직 구조, 운영 효율성, 브랜드 이미지, 기술력, 정보력 등 기업 내부의 역량을 분석하는 것으로, 강점Strengths 요인과 약점Weaknesses 요인으로 나누어 분석하는 것이다. 여기서 강점S과 약점W이 결합하여, SW를 구성하는 것이다. 외부 환경 분석external environment analysis은 기업의 정치적, 경제적, 사회문화적, 기술적 환경을 분석함과 동시에, 공급업체, 고객, 경쟁업체 등에 대한 분석도 포함되는데, 이는 기업의 외적 환경을 분석하는 것으로, 기회Opportunities 요인과 위협Threats 요인을 분석하는 것이다. 여기서 기회O와 위협T이 결합하여 OT를 구성하는 것이다. 그래서 강점S, 약점W, 기회O, 위협T을 분석한다고 하여 SWOT 분석이라고 한다. 이러한 SWOT 분석을 토대로 세워진 전략을 표로 정리하면 [표 2-1]와 같다.

SO 전략은 자신의 강점 및 외부 기회를 모두 활용하는 전략으로, 사업 다각화, 세계

△ 그림 2-4 삼성전자 휴대폰 사업부문의 SWOT 분석

화 등 공격적 전략이라고 할 수 있다. WO 전략은 자신의 약점은 보강하고 외부 기회는 활용하는 전략을 말하는 것으로, 틈새시장 공략이 대표적인 예이다. ST 전략은 자신의 강점은 활용하고 외부 위협은 극복하는 전략을 말하며, 차별화 전략, 전략적 제휴 등이 해당된다. WT 전략은 자신의 약점을 보강하고 외부 위협을 극복하는 전략으로, 사업 매각, 철수 등의 방어적 전략이라고 할 수 있다. SWOT 분석을 삼성전자 휴대폰 사업부문에 적용하여 정리한 것이 [그림 2-4]이다.

기업의 환경을 분석하는 또 다른 방법은 마이클 포터Michael E. Porter의 5요인 분석이다. 5요인 분석Five Forces' Analysis은 5개의 환경적 요인으로 산업을 분석하는 도구로, 흔히는 산업 구조 분석이라고도 하는데, 경영전략에서 가장 많이 활용하고 있는 분석 도구 중 하나이다. 마이클 포터Michael E. Porter는 산업에 참여하는 주체를 기존 기업들, 신규 진입자, 공급자, 구매자, 대체재로 구분하고, 이들 간 경쟁관계에서의 우위에 따라 각 기업 및 산업의 수익률이 결정된다고 보았다. 구체적으로는 산업 내의 기존 기업 간 경쟁의 정도, 신규 진입자의 위협, 공급자의 협상력, 구매자의 협상력, 대체재의 위협의 5개 요인이 기업 및 산업의 수익률을 결정한다고 보았다. [그림 2-5]은 5요인 분석을 정리한 것이다[1].

산업 내 기존 기업 간 경쟁의 정도는, 기업 간 경쟁이 심하면 수익률이 낮아지고, 경쟁

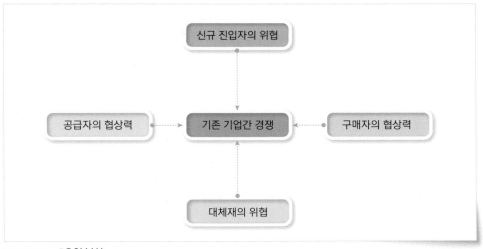

⬥ 그림 2-5 5요인 분석

이 심하지 않으면 수익률은 높아진다. 기존 기업 간 경쟁의 정도는 경쟁자의 수, 산업 성장 속도, 철수 장벽exit barrier, 해당 산업에서 철수하는 데 드는 비용 등의 장애 등에 따라 달라진다. 신규 진입자의 위협의 경우, 산업에 새로 진입하는 것이 쉬우면 신규 진입자의 위협 정도가 커져서 산업의 수익률은 낮아지고, 반대로 새로 진입하는 것이 어려우면 신규 진입자의 위협은 적어져서 수익률이 높아질 것이다. 이러한 신규 진입자의 위협은 필요 자금의 규모, 규모의 경제, 제품 차별화, 정부 정책 등에 따라 달라진다. 공급자의 협상력의 경우, 원자재 공급업체의 협상력이 크면 수익률이 낮아지고, 협상력이 작아지면 수익률이 높아질 것이다. 공급자의 협상력은 공급자의 수, 공급자 제품의 차별성 등에 따라 달라진다. 구매자의 협상력도 제품 구매업체의 협상력이 크면 수익률이 낮아지고, 협상력이 작아지면 수익률이 높아질 것이다. 구매자의 협상력은 구매자의 수, 구매량, 구매 제품의 차별화 등에 따라 달라진다. 마지막으로 대체재의 위협은, 대체재가 있으면 수익률이 낮아지고, 대체재가 없으면 수익률이 높아질 것이다. SWOT 분석에서와 같이, 삼성전자 휴대폰 사업부문을 가정하여 휴대폰 산업을 예로 아주 간단하게 설명하겠다. 먼저, 기존 기업 간 경쟁의 정도는 기존 휴대폰업체 간 경쟁이 치열하다. 특히,

1. Michael E. Porter, Competitive Strategy, The Free Press, 1998, p.4-29. 마이클 포터는, 산업 경쟁을 이끄는 요인(Forces Driving Industry Competition)으로 5개 요인을 제시하고 설명함

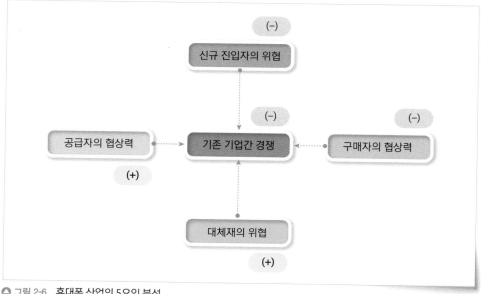

● 그림 2-6   휴대폰 산업의 5요인 분석

샤오미Xiaomi, 화웨이Huawei 등 중국업체들의 성장 및 공세가 대단하다. 신규 진입자의 위협은 휴대폰 산업으로 새로 진입하는 것은 다른 산업에 비하여 상대적으로 수월하다. 예를 들어, 반도체 산업에 비교하면 투자 자금도 적게 소요된다. 공급자의 협상력은 휴대폰 부품 공급업체가 삼성전자에 대하여 강력한 협상력을 발휘하기 어렵다고 볼 수 있다. 즉, 삼성전자는 부품 대량 구매자로서의 지위에서 여전히 강략한 파워를 행사하고 있다. 구매자의 협상력은 삼성전자 휴대폰 구매자인 각국의 이동통신사나 대형 유통업자들의 파워는 강력하다. 대체재의 위협은, 태블릿 PC을 휴대폰의 대체재로 생각할 수도 있으나, 완전한 대체재가 아니기 때문에 대체재의 위협은 그리 크지 않다. 이러한 휴대폰 산업 분석을 정리하면 [그림 2-6]과 같다. [그림 2-6]에서 플러스+는 휴대폰 산업에 긍정적인 측면, 즉, 수익률이 높아지는 것을 의미하고, 반대로 마이너스-는 부정적인 측면, 즉, 수익률이 낮아지는 것을 말한다. 결론적으로, 삼성전자의 휴대폰 사업부문은 현재 수익률이 높지 못한 산업에서 사업을 하고 있다는 설명이 된다. 따라서, 삼성전자는 휴대폰 산업에서의 사업을 다시 한번 점검할 필요가 있다는 것이다.

　SWOT 분석 및 5요인 분석을 통해 기업의 내부 환경과 외부 환경을 분석한 후, 보통의 경우, 기존 사업들에 대한 매력도를 평가하기도 하는데, 이를 사업 포트폴리오 분석

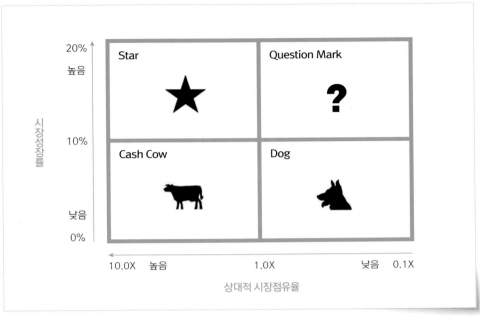

△ 그림 2-7   BCG 매트릭스

business portfolio analysis이라고 한다. 우선, 기업의 기존 사업이나 제품에 따라 별개의 사업단위를 묶을 수 있는데, 이를 전략적 사업단위SBU, strategic business unit라고 한다. 예를 들어, 삼성전자의 경우, 휴대폰, 반도체, TV, OLED, LCD 등의 사업 부문이 있는데, 이런 각 사업 부문이 전략적 사업단위에 해당된다. 이러한 기업의 전략적 사업단위의 집합체를 사업 포트폴리오business portfolio라고 하며, 사업 포트폴리오 분석business portfolio analysis이란, 이러한 각 전략적 사업단위의 매력도를 분석하는 것을 지칭한다. 사업 포트폴리오 분석은 각 전략적 사업단위의 매력도와 시장내 경쟁적 위치를 확인할 수 있고, 나아가 전략적 사업단위들의 기업 성과에 대한 상대적 공헌도를 시각적으로 파악할 수 있는 이점이 있다. 이러한 사업 포트폴리오 분석 도구로 가장 많이 활용되는 것으로 BCG 매트릭스 분석 및 GE 매트릭스 분석이 있다.

BCG 매트릭스 분석BCG matrix analysis은 컨설팅업체인 보스턴 컨설팅 그룹Boston Consulting Group이 1970년대에 개발한 분석 도구이다. BCG 매트릭스 분석은 회사의 사업들을 시장성장률과 상대적 시장점유율이라는 두 가지 변수 양축으로 하여, 각 사업의 매력도를 비교 분석하는 것이다. 시장성장률market growth rate은 전체 시장의 매력도를 나타내는

것으로, 0% ~ 20%로 표시하며, 10%를 기준으로 하여 그 이상은 고성장률, 그 이하는 저성장률을 나타낸다. 상대적 시장점유율relative market share은 자사의 사업단위SBU의 시장점유율과 최대경쟁사의 시장점유율을 비교하는 표시하는 것으로 1.0X는 자사의 시장점유율과 최대경쟁사의 시장점유율이 같다는 의미이며, 10.0 X는 자사의 시장점유율이 최대경쟁사의 시장점유율보다 10배 많다는 것을 의미한다. [그림 2-7]은 BCG 매트릭스를 표로 정리한 것이다.

[그림 2-7]의 각 사분면을 설명하면, 우선 물음표Question Mark 영역이다. 이 부분은 높은 시장성장률과 낮은 상대적 시장점유율을 보이는 사업단위로, 시장점유율을 증가시키거나 유지하는 데 많은 현금이 필요하다. 사업 초기 대부분의 사업단위가 이에 해당하며, 경쟁력이 있는 사업단위에는 현금을 지원하고, 경쟁력이 낮은 사업단위는 처분하는 조치가 필요하다. 두 번째는 별Star 영역이다. 이것은 높은 시장성장률과 높은 상대적 시장점유율을 보이는 사업단위로, 보통의 경우, 성장기의 사업단위가 이에 해당한다. 이 사업단위의 경우, 미래 성장을 위하여 더 많은 자금이 필요하며, 시장성장률이 느릴 때는 캐쉬카우Cash Cow영역으로 진입할 수 있다. 세 번째는 캐쉬 카우Cash Cow 영역이다. 이 부분은 낮은 시장성장률과 높은 상대적 시장점유율을 보이는 사업단위로, 성장기 후기 또는 성숙기의 사업단위에 해당한다. 많은 이익을 창출하여 자신의 사업단위는 물론, 기업 내 다른 사업단위에도 자금을 공급하는 역할을 한다. 즉, 이 부분에서 나오는 여유자금으로 주로 별Star 또는 물음표Question Mark 부분의 사업단위에 재투자하는 형태를 보인다. 마지막으로, 개Dog 영역이다. 이는 낮은 시장성장률과 낮은 상대적 시장점유율을 보이는 사업단위를 가리키며, 주로 쇠퇴기에 속한 사업단위가 해당한다. 이 사업단위는 대체로 수익성이 낮고, 시장 전망이 어둡다. 따라서 성공 가능성이 없다면, 사업단위의 철수나 사업 축소를 결정할 필요가 있다.

그럼, 삼성전자의 전략적 사업단위SBU의 BCG 매트릭스를 작성해 보겠다. 앞에서도 언급하였지만, 삼성전자의 전략적 사업단위SBU는 크게, TV, 휴대폰, 반도체, 디스플레이 등 4개 사업 부문으로 나누어지고, 디스플레이는 LCD와 OLED로 나누어진다. 우선 TV 및 휴대폰 사업 부문은 TV 및 휴대폰 전체 산업의 성장이 둔화되면서 시장성장률도 낮고, 중국 TV 업체의 등장, 애플Apple 및 중국 스마트폰 업체의 등장으로 상대적 시장점유율도 낮다. 따라서, 2개 부문은 개Dog영역에 해당된다. 반도체 사업 부문은 4차 산업혁명, IoT

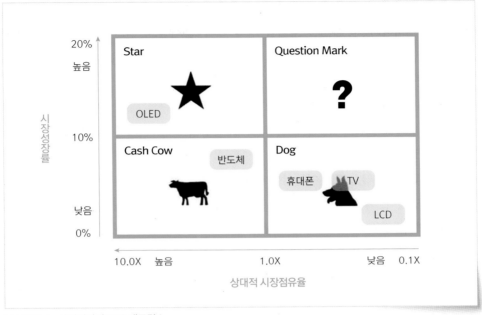

🔺 그림 2-8 삼성전자의 BCG 매트릭스

기술발전, 각종 휴대기기의 용량 증대 등으로 반도체 산업이 고성장률은 아니지만 안정적인 시장성장률을 유지하고 있고, 다른 경쟁자 대비 상대적 시장점유율도 높아, 캐쉬카우Cash Cow 영역에 해당한다. 디스플레이의 경우, LCD는 시장성장률이 정체이거나 마이너스이며, 중국 LCD 업체의 공세로 상대적 시장점유율도 낮기 때문에, 개Dog 영역에 해당한다. 반대로 OLED는 LCD의 대체재로 시장성장률이 높고, 경쟁사 대비 시장점유율이 압도적으로 높으므로, 별Star 영역에 해당한다. 이를 정리하면 [그림 2-8]와 같다.

삼성전자의 BCG 매트릭스를 통해 알 수 있는 것은, 삼성전자가 현재 사업을 잘하고 있고 이익도 많이 내고 있지만, 사업 포트폴리오 측면에서는 철수나 사업 축소를 해야하는 사업 부문이 많다는 점이다. 즉, 휴대폰 사업, TV 사업, LCD 사업은 사업 축소나 철수를 하여야 한다는 것이다. 실제로 LCD 사업은 2021년 3월까지 사업을 정리하기로 하였고, 휴대폰 사업 및 TV 사업은 외부 컨설팅업체에서 지속적으로 사업 매각을 주장하고 있다. 하지만, 문제는 이런 사업들을 정리하면 이를 대체할 사업이 없다는 것이다. 즉, 휴대폰 사업과 TV 사업의 두 사업이 2019년 매출액 128조 원, 이익 11조 원을 달성

하였는데, 이 두 사업을 접는다는 의미는 연매출액 128조 원과 연간이익 11조 원을 포기한다는 의미이며, 두 사업을 포기할 경우 연매출액 128조 원과 연간이익 11조 원을 대신하여 달성해 줄 사업이 없다는 것이다. 이것이 지금 현재 삼성전자가 안고 있는 가장 큰 고민이다.

이러한 BCG 매트릭스 분석을 바탕으로, 전략적 사업단위SBU에 적용할 수 있는 전략은 크게 4가지로 표현할 수 있다. 먼저, 확대build 전략이다. 이는 시장점유율을 증가시키는 전략으로, 물음표Question Mark나 별Star 영역이 해당된다. 두 번째로는 수확harvest 전략이다. 말 그대로 현금을 거두어들이는 전략으로 캐쉬카우Cash Cow나 물음표Question Mark 영역이 해당된다. 세 번째로는 유지hold 전략이다. 이는 현재 시장점유율을 유지하는 전략으로, 캐쉬카우Cash Cow 영역이 해당된다. 마지막으로, 철수divest 전략은, 사업단위를 처분하는 것으로, 물음표Question Mark나 개Dog 영역이 해당된다.

앞에서 살펴 본 바와 같이, BCG 매트릭스 분석이 기존 사업단위의 매력도를 분석하는 데 유용하지만, 그 자체로 한계도 있다. 우선, 시장성장률과 상대적 시장점유율이라는 두 개의 분석요인만으로 사업단위를 평가하는 것으로, 복잡한 시장 상황을 정확히 분석하고 이를 반영하지 못한다는 것이다. 2개의 분석요인 이외의 다른 많은 요인들이 시장 상황에 영향을 줄 수 있다는 것이다. 또한, 현재 사업단위의 매력도 위치를 반영할 뿐, 미래 환경 변화를 예측하고 이를 반영하여 사업단위의 효과를 평가하는 것은 어렵다는 점이다. 마지막으로, 별Star 영역의 경우, 반드시 자금이 필요하지 않을 수도 있으며, 경영 혁신 등으로 자금 유입없이도 성장이 가능할 수도 있다는 점이다.

GE 매트릭스 분석GE matrix analysis은 또 하나의 사업 포트폴리오 분석 도구이다. GE 매트릭스 분석은 원래 컨설팅업체인 맥킨지McKinsey와 GE가 함께 개발한 모델로 GE 맥킨지 매트릭스 분석이라고도 한다. BCG 매트릭스 분석과 유사하지만, 각 사업단위를 산업 매력도와 사업 강점이라는 두 차원에서 분석하고, 산업 매력도industry attractiveness의 지표로 시장성장률, 시장 규모, 산업 수익률, 경쟁 강도, 수요 변동 상황, 규모의 경제 등 기업 외부요인들을 선택하여, 이를 종합적으로 평가하는 것이다. 또한, 사업 강점business strength의 지표로, 상대적 시장점유율, 판매 효율성, 가격 경쟁력, 품질, 판매 지역, 고객 및 시장에 대한 정보, 혁신성 등과 같은 기업 내부요인을 선택하고 이를 종합적으로 평가하는 것이다. 즉, BCG 매트릭스는 시장성장률과 상대적 시장점유율이라는 2개 요인

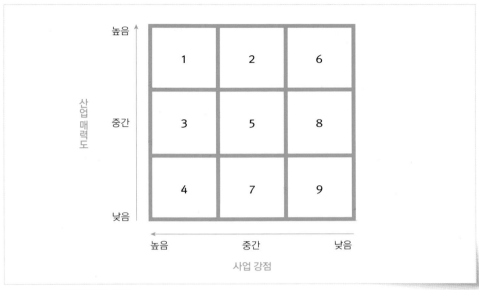

▲ 그림 2-9 GE 매트릭스 분석

산업 매력도	높음	1 투자/성장	2 투자/성장	6 선택/관리
	중간	3 투자/성장	5 선택/관리	8 수확/철수
	낮음	4 선택/관리	7 수확/철수	9 수확/철수
구분		높음	중간	낮음
		사업 강점		

▲ 표 2-2 GE 매트릭스 분석의 전략

으로 분석한 데 비해, GE 매트릭스 분석은 분석 요인이 다양하다는 점이 다르며, 이는 좀 더 상세하고 세밀한 분석이 가능하다는 것을 의미한다. GE 매트릭스 분석은 [그림 2-9]와 같다. 먼저, 1, 2, 3 영역은 산업 매력도도 높고, 사업 강점이 있는, 즉 경쟁력을 갖추고 있어 지속적으로 투자하고 지원하여 성장을 유도하여야 하는 부문이다. 두 번째로, 4, 5, 6 영역은 적극적인 투자로 1, 2, 3 영역으로 진입하거나, 투자를 줄여 시장에서의 철수를 고려하여야 하는 부문이다. 마지막으로 7, 8, 9 영역은 산업 자체가 쇠퇴하고, 기업의 경쟁력도 약화되어 시장에서의 철수를 고려하여야 하는 부문이다. 이런 GE 매트릭스 분석에 해당하는 전략을 표시하면 [표 2-2]와 같다.

🔹 그림 2-10   제품–시장 매트릭스의 성장 전략

GE 매트릭스 분석도 사업 포트폴리오 분석에 유용한 분석 도구이기는 하지만, 역시 한계가 있다. 산업 매력도와 사업 강점이라는 두 가지 차원의 변수로 사업단위를 분석하는 데는 한계가 있다는 것이다. 또한, 산업 매력도와 사업 강점의 지표로 선택한 변수들의 중요도를 고려하지 않고 분석에 적용하는 문제이다. 그리고, 매트리스상에서 동일한 위치라고 하더라도 고려 요인들이 다를 수 있어, 위치만 보고 투자/성장, 선택/관리, 수확/철수 등의 전략을 선택하는 의사 결정에 문제가 있을 수 있다는 점이다.

이상에서는 사업 포트폴리오 분석을 알아보았다. 이제 마지막으로 기업 성장성 분석에 대해 알아보겠다. 앞서 기술한 사업 포트폴리오 분석은 기업 전체의 성장 목표를 지원하는 각 사업단위의 성장 전략과도 밀접한 연관성이 있다. 이러한 성장 전략에는 제품-시장 매트릭스 분석과 통합적 성장 전략이 있다.

우선, 제품-시장 매트릭스 분석product-market matrix analysis은 앤소프 매트릭스 분석Ansoff matrix analysis이라고도 하는데, 이는 이 분석 도구를 제시한 전략경영의 창시자로 불리는 이고르 앤소프Igor Ansoff가 1957년 제시한 모델로, 그의 이름을 따 만든 명칭이다. 제품-시장 매트릭스 분석은 시장과 제품의 2개 분석 요인으로 성장 전략을 제시한다. [그림 2-10]는 제품-시장 매트릭스 분석에 근거한 성장 전략을 표시한 것이다. 기존 제품으로 기존 시

◎ 그림 2-11 통합적 성장 전략

장을 공략하는 전략을 시장침투전략market penetration이라고 하고, 기존 제품으로 신시장을 개척해 나가는 전략을 시장개발전략market development이라고 한다. 또한, 신제품으로 기존 시장을 공략해 나가는 전략을 제품개발전략product development이라고 하고, 신제품으로 신시장을 개척해 나가는 것을 다각화전략diversification이라고 한다. 삼성전자 휴대폰 사업을 예를 들어 설명하겠다. 먼저, 갤럭시S20으로 기존 스마트폰 시장을 공략하는 것이 시장침투전략이고, 갤럭시S20으로 미개척 시장인 아프리카 수단 시장에 진출한다면 시장개발전략이다. 또한, 갤럭시 폴드 Flip이라는 신제품으로 기존 스마트폰 시장에 진출하는 것이 제품개발전략이며, 갤럭시 폴드 Flip이라는 신제품으로 미개척 시장인 아프리카 수단 시장에 진출한다면 다각화전략이다. 이 분석 모델은 아주 간결하고 쉽게 성장 전략을 제시한 것으로 시대가 많이 흐른 지금도 많이 인용되는 성장 전략이다.

다음은 통합적 성장 전략integrated growth strategy이다. 이는 마케팅 경로상에서 관련 기업을 통합하는 성장 전략으로, 크게, 수직적 통합인 전방통합과 후방통합, 수평적 통합의 3가지 전략이 있다. 수직적 통합vertical integration은 원료 및 부품의 획득에서 최종제품의 생산 및 판매에 이르는 전체적 과정에서 기업이 일정 부분을 통제하는 전략으로, 수직계열화라고도 하는데, 이는 다시 전방통합과 후방통합으로 나뉜다. 전방통합forward

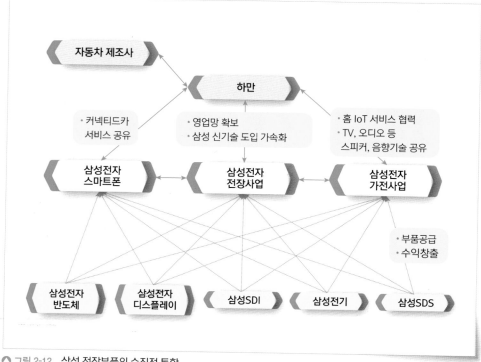

🔺 그림 2-12 삼성 전장부품의 수직적 통합

integration은 마케팅 경로상 전방앞에 있는 기업이 통합하는 것으로, 예를 들어 원료/부품공급업체가 제조업체인 A기업를 통합하거나, 제조업체인 A기업이 유통업체를 통합하는 것을 말한다. 후방통합backward integration은 전방통합과 반대로, 마케팅 경로상 후방뒤에 있는 기업이 통합하는 것으로, 예를 들어 제조업체인 A기업이 원료/부품공급업체를 통합하거나, 유통업체가 제조업체인 A기업을 통합하는 것을 말한다. 수평적 통합horizontal integration은 마케팅 경로상 자신의 기업과 동일한 수준의 경쟁 관계에 있는 기업을 통합하는 것으로, 예를 들면, 제조업체인 A기업이 같은 제조업체인 B기업을 통합하는 것을 말한다. 3가지 통합적 성장 전략을 정리한 것이 [그림 2-11]이다.

수직적 통합수직계열화에 대해서는 삼성의 경우를 예를 들어 설명하겠다. [그림 2-12]는 삼성 자동차 전장부품의 수직적 통합을 설명한 것이다. 자동차 전장부품이란, 네비게이션, 카 오디오, 디스플레이 등을 일컫는다. [그림 2-12]에서 우선, 삼성전자 반도체, 삼성전자 디스플레이, 삼성SDI, 삼성전기, 삼성 SDS는 부품 공급업체로, 삼성전자의 스마트

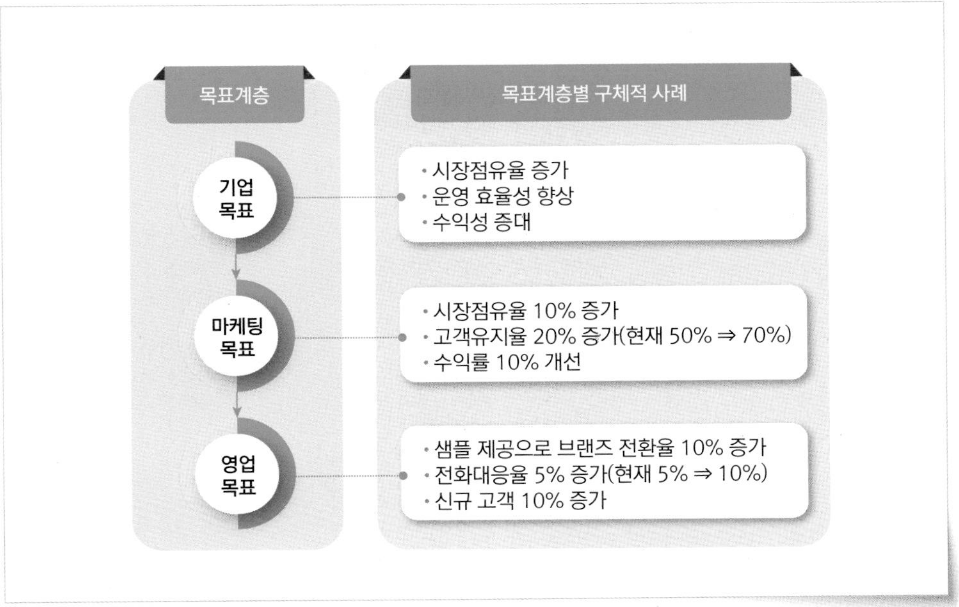

그림 2-13 목표 계층별 설정 사례

폰 사업, 전장사업 및 가전사업에 필요한 부품을 공급한다. 부품을 공급받은 삼성전자 스마트폰휴대폰 사업, 전장사업 및 가전사업 부문은 스마트폰, 태블릿, 디스플레이, TV, 오디오 등을 생산하여, 전장부품 제조업체인 하만에 공급한다. 하만은 이렇게 공급받은 제품들을 조합하여 새로운 전장부품을 생산하여 자동차 제조업체에 공급하게 되는 것이다.

4 목표 설정

기업의 사명과 비전이 정해지고 환경을 분석하고 나면, 이를 바탕으로 기업의 목표를 설정한다. 이러한 목표는 설정 기간에 따라 장기 목표3년 이상과 단기 목표1년 이하로 구분하는 것이 가장 일반적이다. 또한, 측정하려는 성과에 따라 전략적 성과목표예, 시장 지위 강화와 재무적 성과목표예, 수익성 개선로 나누기도 한다. 목표 설정의 일반적인 지침은 보통 SMART라고 표현한다. 이는 목표는 구체적Specific이어야 하고, 측정 가능Measurable하여야 하며, 달성 가능Achievable하여야 하고, 관련성이 있어야Relevant 하며, 시간을 고려Time-bound하여야 한다는 것이다. 이러한 목표 설정의 사례는 [그림 2-13]과 같다.

5 마케팅 전략 수립

마케팅 전략에는 여러 가지 전략이 있지만, 여기서는 가장 흔히 활용하고 있는 표적시장 마케팅 전략STP 전략 및 마케팅 믹스 전략4P에 대하여 설명하도록 하겠다. 표적시장 마케팅 전략STP 전략은 시장 세분화market segmentation, 표적시장 선택market targeting 및 제품 포지셔닝product positioning에서 만들어진 용어이다. 시장 세분화market segmentation는 전체 시장을 고객의 욕구나 특성이 동일한 몇 개의 작은 시장으로 나누는 것을 말한다. 표적시장 선택market targeting은 세분화된 시장 중에서 자신의 기업이 공략하고자 하는 시장을 하나 또는 그 이상 선정하는 것을 말한다. 제품 포지셔닝product positioning이란, 자사 제품이 소비자의 지각 속에서 차지할 위치을 선정하는 것으로, 경쟁사와 비교하여 차별화된 우월성을 소비자에게 인식시키는 것이다. 여기서 주의할 것은 시장 세분화, 표적시장 선택 및 제품 포지셔닝이 차례로 이루어져야 한다는 것이다. 즉, 시장을 세분화하고, 그 세분화된 시장 중에서 표적시장을 선택하여야 하며, 선택된 표적시장을 상대로 포지셔닝을 하여야 한다는 것으로, 시장 세분화 → 표적시장 선정 → 제품 포지셔닝의 순서대로 이행하여야 한다는 것이다. [그림 2-14]은 표적시장 마케팅 전략STP 전략을 정

🔺 그림 2-15　마케팅 믹스 전략(4P)

리한 것이다. 표적시장 마케팅 전략STP 전략에 대해서는 차후에 다시 자세하게 설명할 것이다. Chapter 04 표적시장 마케팅 전략(STP 전략) 참조

　마케팅 믹스marketing mix에 대해서는 이미 Chapter 01 마케팅 패러다임의 변화에서 설명하였다. 마케팅 믹스marketing mix란 마케팅 활동에서 방법들을 조정하고 구성하는 것을 말하는 것으로, 지금도 가장 흔히 활용되는 마케팅 믹스는 4P이다. 간단히 말하면, 마케팅 믹스 전략은 어떤 마케팅 활동으로 기업의 목표를 달성할 것인지를 확인하는 것이다. 마케팅 믹스 전략을 정리한 것이 [그림 2-15]이다. 이 책에서는 기본적으로 마케팅 믹스 4P를 바탕으로 하여 설명하여 나갈 것이다.

6　마케팅 전략 실행 및 통제

　앞에서 설명한 마케팅 전략, 즉 표적시장 마케팅 전략STP 전략이나 마케팅 믹스 전략4P을 채택하여 이를 실제 적용하기 위해서는 기업 내부의 여러 가지 영향 요인, 즉 조직 구조, 기업 문화, 인적 자원, 의사 결정 구조 등과 같은 다양한 요인들이 고려되어야 한다. 결국 마케팅 전략은 이러한 기업 내부의 영향 요인들과의 상호 작용을 하게 되고, 그 결과로 마케팅 성과를 도출하게 되는데, 이 과정이 마케팅 전략의 실행이다. 이를 정리

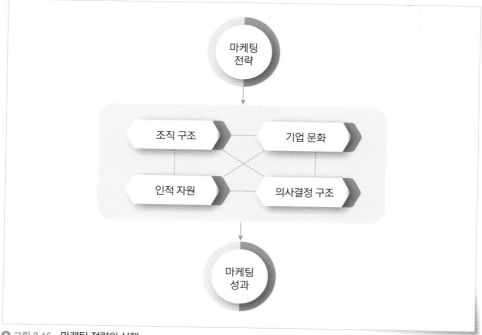

● 그림 2-16　마케팅 전략의 실행

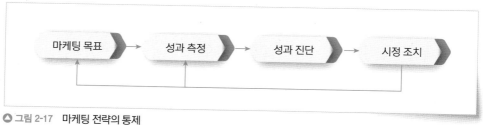

● 그림 2-17　마케팅 전략의 통제

하면 [그림 2-16]과 같다.

　마케팅 전략을 실행한 후, 설정했던 마케팅 목표와 비교하여 마케팅 성과를 측정하고, 문제점을 분석하고, 그 결과를 피드백하는 성과 진단 작업을 하게 된다. 이러한 성과 진단 후에는 당연히 시정 조치를 취하게 되고, 시정 조치는 마케팅 목표 수정이나 재설정 등에 영향을 미치게 된다. 이러한 과정 전체를 마케팅 전략의 통제라고 한다. 이를 정리하면 [그림 2-17]과 같다.

디지털 사회의
마케팅

Chapter

03

소비자 행동

 1. 소비자의 구매 행동

1 소비자의 의사결정 유형

소비자의 의사결정 유형은, 소비자의 관여 정도, 대안의 수, 정보 탐색, 비용, 탐색 시간 등에 따라 3개 유형으로 구분할 수 있다. 먼저, 일상적 의사결정이다. 이는 습관적 의사결정이라고도 하는데, 구매 빈도가 빈번하고 가격이 싼 제품, 예를 들어, 화장지, 생수, 칫솔 등 생활필수품을 구매할 때의 의사결정 유형이다. 대안 탐색이나 의사 결정에 소요되는 시간이 길지 않은 소비자의 관여 정도가 낮은 제품을 구입할 때 나타나는 의사결정 유형이다. 다음은, 제한적 의사결정이다. 이는 제품 구매 경험은 있으나, 제품이나 브랜드에 친숙하지 않을 때 나타나는 의사결정 유형이다. 일상적 의사결정보다는 소비자의 관여 정도가 높지만, 여전히 관여 정도가 낮은 제품을 구입할 때의 의사결정 유형으로, 대표적인 예가 유아용 샴푸나 비누 등이 있다. 마지막으로, 포괄적 의사결정이다. 이는 친숙하지 않은 제품이나 가격이 비싼 제품, 구매 빈도가 낮은 제품, 예를 들어, 자동차, 컴퓨터, 주택 등을 구매할 때 나타나는 의사결정 유형으로, 소비자의 관여 정도가 높은 제품을 구매할 때 나타나는 의사결정 유형이다. [그림 3-1]은 소비자의 의사결정 유형을 정리한 것이다.

2 관여도 invovement

앞서 소비자의 관여 정도가 소비자의 의사결정 유형을 구분하는 하나의 요소임을 설명하였다. 이러한 소비자의 관여 정도를 관여도 involvement 라고 하며, 개인의 관심 수준이나 지각된 중요성을 말하는 것으로, 요약하면, 소비자의 제품에 대한 관심 정도라 할 수 있다. 이러한 관여도는 여러 가지 영향 요인에 따라 다르게 나타날 수 있다. 우선, 사전 경험이 영향을 미칠 수 있는데, 사전에 경험했을 경우 관여도는 감소한다. 또한, 관심의 정도가 높으면 관여도가 증가하며, 관심의 정도가 낮으면 관여도가 낮아진다. 지각된 위험도 영향을 줄 수 있는데 위험이 증가한다고 인식하게 되면 관여도는 증가한다. 구매 상황에 따라 예를 들어, 시간적인 압박을 느낄 때나 그때그때의 기분에 따라 관여

소비자 의사결정 유형	일상적 의사결정	제한적 의사결정	포괄적 의사결정
대안의 수	한개	소수	다수
정보탐색	내적	주로 내적	내적, 외적
비용	적음	중간	많음
탐색시간	짧음	중간	김

소비자의 관여 정도 낮음 ← → 높음

🔺 그림 3-1   소비자의 의사결정 유형

도가 달라질 수 있다. 그리고, 사회적 상황, 예를 들어 제품이나 서비스를 구매하고 소비하고자 하는 상황에 노출되어 있는 경우, 관여도가 높아질 것이다. 마케팅에서 관여도가 중요한 이유는 관여도 수준에 따라 마케팅 전략이 달라질 수 있다는 점이다. 예를 들어, 소비자의 관여도가 높은 경우, 마케팅 관리자는 포괄적이고 종합적인 정보를 제공하여 소비자가 폭넓은 정보 탐색을 할 수 있도록 하여야 하며, 소비자의 관여도가 낮은 경우, 제품이 진열대에서 쉽게 눈에 띄게 하거나, 시선을 끌 수 있도록 포장이나 디자인에 초점을 맞추어야 한다.

3   구매의사결정 모델

소비자는 일상생활에서 많은 구매 행동을 하게 되는데, 이러한 소비자의 구매 행동에 대한 이해는 자극-반응 모델에 대한 이해에서 시작한다. 자극-반응 모델stimulus-response model이란 여러 가지 환경적인 자극 요인들이 소비자의 블랙박스black box에서 이루어지는 과정들을 거쳐서 반응한다는 모델이다. 이는 소비자 행동론에서 블랙박스 이론이라

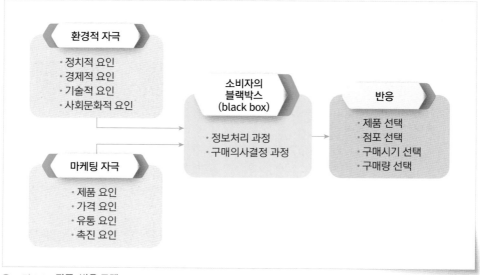

⬢ 그림 3-2   자극-반응 모델

고도 하는데, 기본적으로 투입input → 블랙박스black box → 산출output의 과정으로 이루어진다. 환경적 자극 요인들에는, 우선 정치적, 경제적, 기술적, 사회문화적 요인들이 있으며, 제품, 가격, 유통, 촉진과 같은 4P의 마케팅 자극도 있다. 소비자의 블랙박스에서의 과정은 크게, 정보처리 과정과 구매의사결정 과정으로 나누어진다. 정보처리 과정은 소비자들이 자극에 대하여 지각하고 반응하는 과정을 말하며, 구매의사결정 과정은 이러한 정보처리 과정을 거친 후 실제 구매행동에 영향을 미치는 과정을 말한다. 소비자의 반응은 제품 선택, 점포 선택, 구매 시기 및 구매량 선택 등의 형태로 나타난다. [그림 3-2]는 자극-반응 모델을 정리한 것이다.

2. 구매의사결정의 영향요인

1 소비자 구매행동 모델

소비자 구매행동 모델이란, 소비자가 구매행동을 결정하는 데 영향을 미치는 요인들과,

◎ 그림 3-3　소비자 구매행동 모델

　이런 영향 요인에 따라 실제 구매의사결정이 이루어지는 과정을 설명하는 모델이다. [그림 3-3]은 소비자 구매행동 모델을 정리한 것이다.

　소비자의 구매행동에 영향을 미치는 요인들은 크게, 외적 영향 요인과 내적 영향 요인뿐 아니라, 마케팅 믹스에 의한 영향 요인으로 구분할 수 있다. 외적 영향 요인은 사회문화적 요인, 개인적 요인, 상황적 요인 등이 있으며, 내적 영향 요인은 개인의 심리적 요인이 해당된다. 마케팅 믹스에 의한 영향 요인은 마케팅 믹스 4P에 의한 영향을 의미한다. 이러한 영향 요인들이 소비자의 구매의사결정 과정에 다양한 형태로 영향을 미치게 되고, 결국 소비자의 구매행동으로 이어지게 되는 것이다.

구분		특징
1	상상층(1% 미만)	유산을 상속받고 유명한 가정배경을 가진 사회적 엘리트집단, 다른 집단의 준거집단 역할
2	상하층(2%)	직업과 사회영역에서 특수한 능력을 발휘하는 집단, 보통 중산계급 출신
3	중상층(12%)	경력에 관심이 많고, 전문가, 독립 사업가, 기업 경영자로서의 지위 보유 집단
4	중간층(32%)	평균 소득의 사무직 및 기술직 종사자 집단, 유행에 높은 관심, 자녀 대학교육에 많은 지출
5	노동층(38%)	평균소득 수준의 근로직 노동자 집단, 친척 등으로부터 경제적 도움, 성적 역할이 분명
6	하상층(9%)	미숙련 근로직으로 생활수준이 빈곤 수준보다 약간 상위 집단, 교육 거의 전무
7	하하층(7%)	빈곤, 무직 상태의 복지 혜택 대상 집단, 직업에 관심이 없고 공적 지원과 자선에 의존

🔺 표 3-1　미국의 사회계층 구분[1]

2　사회문화적 요인

　　소비자 구매행동에 대한 영향 요인으로 우선 사회문화적 요인이 있다. 이에는 문화뿐 아니라, 사회계층, 준거집단, 가족 등이 있다. 우선, 문화culture는 사회구성원들이 공유하는 의미, 가치관, 신념, 언어, 신화, 관습, 상징, 의례, 법률, 전통 등을 포괄하는 총체적 의미를 말한다. 이러한 문화는 타고나는 것이 아니라 사회화를 통해 후천적으로 배워서 습득하는 것이며, 상징체계를 통해 다음 세대로 전승되면서 점차 풍부해지고 발전한다. 또한, 문화는 고정된 것이 아니라 시간이 지나면서 새로운 요소가 추가되거나 사라지는 등 끊임없이 변화한다. 문화는 인구 통계적 특성, 지리적 위치, 인종 등의 기준으로 다시 하위문화subculture를 구분할 수 있다. 예를 들어, 미국의 경우, 히스패닉 문화, 흑인 문화, 히피 문화, 아시아 문화 등 수많은 하위문화가 있다. 문화를 언급할 때, 최근 많이 등장하는 것이 할랄이다. 할랄Halal은 이슬람에서 허용하는 음식만 먹어야 하는 식습관을 말하는 것으로, 이슬람 율법하에 먹을 수 있고 쓸 수 있는 제품을 총칭하는 것이다. 이에 반대되는 것이, 하람Haram으로 이슬람에서 금지된 음식을 말한다. 이에는 술, 돼지고기, 도살된 가축 등이 해당된다. 할랄Halal로 대변되는 문화적 요소가 마케팅적 관점에서 중요한 이유는 2조 달러에 이르는 시장 규모 때문이다. 두 번째 사회문화적 요인

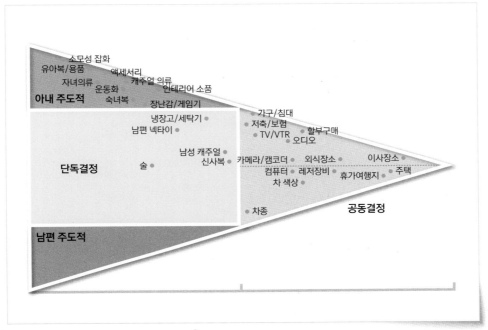

▲ 그림 3-4   남편–아내의 구매에 대한 영향력[2]

으로 사회계층이 있다. 사회계층social stratum이란 사회의 같은 계층에 속하여 유사한 가치관과 행동규범을 공유하고, 생활양식, 교육, 소득 등의 측면에서 거의 유사한 사람들의 집단이다. 일반적으로 사회계층을 결정하는 요소로는 재산, 소득, 직업, 교육 수준, 거주지역, 사회적 유대관계 등이 있으며, 일반적으로 상류층, 중류층, 하류층의 3개 계층으로 구분하지만, 보다 더 엄밀하게 구분하는 경우도 있다. [표 3-1]은 미국의 사회계층으로 7개 계층으로 구분되어 있다. 또한, 준거집단도 사회문화적 요인의 하나이다. 준거집단reference group은 소비자의 구매행동에 영향을 주는 공식적, 비공식적 모든 집단을 지칭하는데, 소비자는 준거집단의 구성원들이 어떻게 소비하는지를 배우고 관찰함으로

1. 필립 코틀러, 마케팅관리론(Marketing Management 11판), 도서출판 서정, 2004년, p.260. 필립 코틀러는, 리처드 콜먼(Richard P. Coleman)의 분류를 인용하였는데, 이를 재인용하여 수정함
2. 박세범, 박종오, 소비자행동, 북넷, 2013년, p.157. 박세범 등은, 대홍기획 마케팅전략연구소의 한국인의 소비행동과 라이프스타일 변화를 인용하고 있는데, 이를 재인용하여 수정함

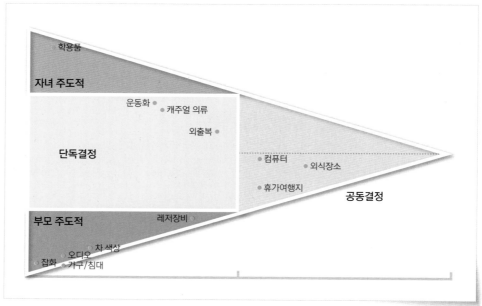

학용품

자녀 주도적

운동화 ● ● 캐주얼 의류

외출복 ●

단독결정

● 컴퓨터 ● 외식장소

● 휴가여행지

공동결정

부모 주도적 레저장비 ●

● 차 색상
오디오 ●
잡화 ● 가구/침대

● 그림 3-5 부모–자녀의 구매에 대한 영향력[3]

써 그들과 동일한 기준으로 구매행동을 하는 경우가 많다. 따라서, 준거집단은 소비자의 지각에 영향을 미치는 중요한 정보원으로 다른 사람에 영향을 미치는 집단의 리더인 의견 선도자opinion leader를 포함하고 있다. 마지막으로 가족이다. 가족family은 가장 중요한 사회집단으로 소비자의 가치관, 태도 등에 가장 큰 영향을 미치는 집단이다. 가족은 자녀들에게 가치관과 규범을 물려주는 사회화 과정을 담당하며, 자녀들이 소비의 주체가 되었을 때 부모와 유사한 소비행태를 보이는 경향이 있다. 가족 구성원들은 구매의사결정 과정에서 수행하는 역할은 제품 유형에 따라, 구매 제안자, 영향자, 의사결정자, 구매자, 사용자 등 다양하다. 예를 들어, 자동차 구매 시, 구매제안자는 형이나 누나, 어머니가 될 수 있으며, 의사결정자는 아버지, 구매자는 어머니, 사용자는 가족 구성원 모두가 될 수 있다. [그림 3-4]는 가족 구성원 중, 남편-아내의 구매에 대한 영향력을, [그림 3-5]은 부모-자녀의 구매에 대한 영향력을 표시한 예이다. [그림 3-4]에서 특이한 점은 남편이 주도적으로 구매를 결정하는 제품이나 서비스가 없다는 점이다. 아이가 부모들의 구매에 80%나 영향을 미친다는 연구도 있지만[4], [그림 3-5]에서는, 가구/침대는 부모가 주도적으로, 학용품은 자녀가 주도적으로 구매를 결정하고, 컴퓨터나 외식

장소 결정 등은 부모-자녀가 공동으로 결정하며, 운동화나 외출복은 단독으로 결정하는 경향이 있음을 보여준다.

3 개인적 요인

개인적 요인으로 먼저 성별sex은 남성과 여성 간의 생리적 차이를 의미한다. 성별은 문화적, 사회적, 경제적 역할 차이에 중요한 요인으로 작용하며, 이러한 역할 차이가 구매의사결정 과정에 영향을 미치게 된다. 특히, 여성이 소비의 주체로 주목을 받고 있는데, 여성이 전 세계 소비재의 80%를 구매하고, 미국 전체 상품의 50%를 구매한다. 이에 여성경제학Womenomics이란 용어도 등장했는데, 여성경제학의 방정식은 $W = 2(C + I)$로 표현한다. 즉, 여성 시장의 크기는 중국 시장과 인도 시장을 합친 것의 2배가 된다는 것이다. 실제는 2배가 훨씬 넘는다[5]. 또한, 구체적인 쇼핑 행동에서 성별 간의 차이는 확연히 나타난다. 대부분의 경우, 여성들은 쇼핑을 즐기는 데 반하여, 남성들은 장시간의 쇼핑을 싫어하는 경향을 보이며, 여성들이 쇼핑할 때 매장의 주차장 차 안에서 기다리는 경우가 많다. 하지만, 이러한 일반적인 경향이 최근에는 외모를 중시하는 사회적 분위기가 확산됨에 따라, 소비에 적극적이고 자기 취향이 확실한 남성 소비자 즉, 맨슈머mansumer, man + consumer의 등장으로 약화되고 있다는 시각도 있다. 다음으로는 연령age과 가족생활주기가 있다. 동일한 연령층은 가치관이나 생활 태도 등이 유사하여, 제품에 대한 기호도 유사하다. 가족생활주기family life cycle란, 나이, 결혼, 자녀 유무 등에 따른 일련의 단계들로 이루어져 있으며, 미혼 생활, 신혼부부 생활, 자녀가 있는 젊은 부부생활, 자녀가 있는 장년 부부생활, 부양 자녀가 없는 장년 부부생활, 노년 부부생활, 노년 독신생활 등으로 구분할 수 있으며, 각 단계별로 구매행동이 달라질 수 있다. [그림 3-6]은 가족생활주기를 예를 들어 정리한 것이다. 가족생활주기와 관련하여 최근 새로이 등장

---

3. 박세범, 박종오, 소비자행동, 북넷, 2013년, p.158. 박세범 등은, 대홍기획 마케팅전략연구소의 한국인의 소비행동과 라이프스타일 변화를 인용하고 있는데, 이를 재인용하여 수정함

4. 마틴 린드스트롬, 오감 브랜딩, 랜덤하우스코리아(주), 2007년, p.118. 마틴 린드스트롬은 어린 아이가 부모들의 구매에 80%나 영향을 미친다는 사실을 고려해야 한다고 기술함

5. 톰 피터스, 리틀빅씽(The Littel Big Things), 더난출판, p.419. 톰 피터스는, 여성경제학, 즉 우머노믹스(Womenomics)를 활용하라고 주장함과 동시에, 구매 결정권이 여성의 손에 달려있다고 하면서 여성경제학 방정식 $W = 2(C + I)$을 제시함

🔵 그림 3-6   가족생활주기의 예

한 용어들이 꽤 있다. 딩크족DINK, Double Income No Kids은 자녀가 없는 맞벌이 부부, 통크족TONK, Two Only No Kids은 자녀에 의존하지 않고 독립적으로 살아가는 노인 부부를 의미한다. 여피족Yuppie, Young Urban Professional은 고등교육을 받고 도시 근교에 살며, 전문직에 종사하는 고소득 젊은 부자를 지칭한다. 보보스족BOBOS, Bourgeois Bohemian은 부르주아의 물질적 실리와 보헤미안의 정신적 풍요를 동시에 누리는 젊은 부자를 말한다. 싱커스THINKERS, Two Healthy Income No Kids Early Retirements는 맞벌이를 하면서 자녀가 없고 일찍 정년퇴직해서 여유로운 노후 생활을 즐기는 사람들을 지칭한다. 라이프스타일lifestyle은 개인의 생활양식으로, 개인의 활동이나 관심, 의견 등을 표현하는 것을 말한다. 활동에는 직업, 취미활동, 사회적 행사 참여 등이 있으며, 관심에는 음식, 패션, 운동 등에 대한 관심이 있을 수 있다. 그리고, 의견은 자신과 사회에 대하여 어떻게 생각하는가를 의미하는 것으로, 사회적 이슈, 제품 및 서비스에 대한 의견 등이 있다. 마지막으로 개성과 자아 개념이다. 개성personality은 환경에 대해 비교적 일관성이 있고 지속적인 반응을 보이는 개인의 독특한 심리적 특성을 말한다. 개성은 개인의 심리적 성격과 환경적 요인에 의해서 나타나는데, 가장 지배적인 특성인 개인의 특징을 포함하고 있다. 개성과 관련하여 또 하나의 중요한 개념이 자아 개념이다. 자아 개념self-concept이란, 자신이 자기 자신을 어떻게 보는가를 말하거나, 타인이 자기 자신을 어떻게 보는가 하는 자아상을 말한다. 이러한 자아 개념은 개인이 바라는 이상적인 자기 모습을 나타내는 이상적 자아 개념ideal self-concept과 개인이 현재 자기 모습을 어떻게 생각하느냐를 나타내는 실질적 자아 개념real self-concept의 결합이라고 할 수 있다. 대부분의 경우, 사람들은 실질적 자아 개념을 이상적 자아 개념으로 높이려고 노력하며, 이러한 자아 개념의 노력이 소비자의 구매행동에도 영향을 미치게 되는 것이다.

4 상황적 요인

상황적 요인으로 우선, 소비자 무드mood를 들 수 있는데, 이는 특정 상황이나 시간에 대해 개인이 느끼는 일시적인 느낌을 말한다. 무드는 짧고 알맞은 긴장 상태임에도 불구하고, 특히 개인이 감정적인 정보를 회상하는 데 영향을 미친다. 쇼핑환경도 구매행동에 영향을 미친다. 쇼핑환경shopping environment에는 상점의 외부 디자인이나 레이아웃layout, 상점의 설비, 조명, 향기, 음악 기타 상점의 환경적인 요소가 해당하는데, 이러한 환경적 요소들이 구매를 자극할 수 있다. 쇼핑 환경을 잘 갖추어 놓은 쇼핑몰을 연상하면 쉽게 이해가 된다. 예를 들면, 서울 삼성동 무역센터 내 별마당 도서관의 경우, 독특한 컨셉과 레이아웃으로 주변 상점의 쇼핑에 많은 긍정적인 영향을 미치고 있다. 시간time은 소비자의 한정된 자원으로 구매행동에 많은 영향을 주는데, 시간의 제한성이 소비자의 정보처리나 구매의사 결정에 압박 요인으로 작용하여 구매를 독촉하는 경우를 생각하면 될 것이다.

5 심리적 요인

소비자의 구매의사결정은 개인의 지각, 동기, 학습, 신념과 태도 등의 심리적 요인에 의해서 영향을 받기도 한다. 인간의 시각, 청각, 미각, 후각, 촉각 등의 오감에 영향을 미치는 요소를 자극이라고 하는데, 지각perception이란, 이러한 자극을 선택하고 의미 있게 해석하고 체계화하는 과정을 말한다. 인간은 일반적으로 자극에 대하여, 선택적 노출, 선택적 왜곡, 선택적 보존 등 3단계의 지각과정을 거친다. 선택적 노출selective exposure이란, 사람들이 어떤 자극에는 주의를 기울이고, 어떤 자극에는 무시해야 하는지를 결정하는 것이다. 선택적 왜곡selective distortion이란, 사람들이 자신들의 느낌, 신념, 갈등과 관련된 정보를 의도적으로 변화시키거나 왜곡하는 것을 말한다. 선택적 보존selective retention이란, 자신의 느낌이나 신념과 일치하는 정보만을 기억하고 일치하지 않는 정보는 잊어버리는 것을 말한다. 선택적 보존와 관련 있는 개념으로 많이 사용하는 용어로, 확증편향confirmation bias이 있다. 이는 흔히, 자기가 보고 싶은 것만 보고 믿고 싶은 것만 믿는 현상을 가리키는 것으로, 자신의 선입관을 뒷받침하는 근거만 수용하고 자신에게 유리한 정보만 선택적으로 수집하는 것을 말한다. 다음은 동기이다. 동기motivation란, 인간의 행동을 유발시키는 내적인 충동력을 말하는 것으로, 특정 욕구가 인간의 행동을 유발할 정도로 강한 수준에 이를 때 이러한 욕구가 동기가 된다. 동기 부여에는 강력한 믿음 2가지가 전제되어 있다. 하나는 지금보다 더 나아질 수 있다는 믿음이며, 또 하나는 더 나아지는 것이 자신의 책임이라는 믿음이다[6]. Chapter 01에서 이미 설명한 바와 같이, 욕구에 대한 고전적 이론으로 가장 유명한 것이 매슬로우Abraham H. Maslow가 제시한 욕구 5단계설인데, 이것이 동기의 근거가될 수 있다. 즉, 인간의 욕구는 배고픔, 갈증과 같은 생리적 욕구, 신체적 안전, 경제적 안정과 같은 안전 욕구, 소속감과 같은 애정 및 소속 욕구, 자존심, 사회적 인정과 같은 존경 욕구, 자아 개발과 같은 자아실현 욕구 등 5단계의 욕구 계층으로 이루어져 있는데, 이러한 욕구들이 동기 유발의 원천이 될 수 있다. 동기와 관련하여, 또 다른 이론이 있는데, 허츠버그Frederick Herzberg의 동기-위생 이론motivation hygiene theory이다. 이 이론은 인간의 욕구 중에는 만족을 주고 동기를 유발하는 동기 요인motivator 또는 만족 요인satisfier과 욕구가 충족되지 않을 경우 불만족을 초래하지만, 욕구를 충족시키더라도 동기를 유발하지 않는 위생 요인hygiene factor 또는 불만 요인dissatisfier의 두 가지가 있다는 것으로, 2요인 이론이라고도 한다. 동기 요인은 직업 만족도와 관련된 요인으로, 일 자체, 성취감, 책임감, 성장성 등이 있으며, 위생 요인은 직업 불만족과 관련된 요인으로, 월급, 근무환경, 대인관계 등이 있다. [그림 3-7]는 허츠버그의 동기-위생 이론을 정리한 것이다. 다음은 학습learning이다. 소비자의 구매 행동은 경험이나 관행을 통한 학습에서 비롯되기도 한다. 이러한 학습에는 경험적 학습과 개념적 학습이 있는데, 경험적 학습experiential learning은 어떤 경험이 행동을 변화시킬 때 일어나는 것이며, 개념적 학습conceptual learning은 직접적인 경험을 통한 학습이 아니라, 이차적으로 일어나는 학습이다. 개념적 학습은 예를 들어, 신제품이 출시되었는

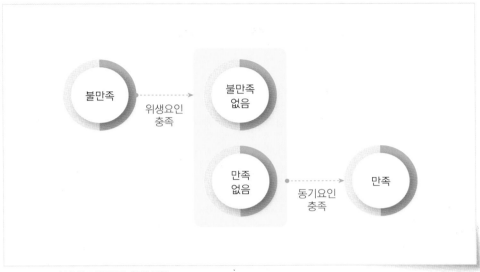

⬆ 그림 3-7 허츠버그의 동기-위생 이론

데, 이미 구매한 사람들의 평을 보고 신제품을 구매하거나 구매하지 않는 경우를 상정할 수 있다. 신념과 태도도 구매행동에 영향을 미친다. 신념belief이란, 개인이 어떤 대상에 대하여 가지는 생각을 말하는 것으로, 특정 제품에 대한 신념이 특정 제품을 반복 구매하도록 하거나 특정 브랜드에 대한 충성심으로 표출되기도 한다. 예를 들어, 중국 샤오미 제품에 대한 신념을 가진 Mifan, 애플Apple 제품에 대한 신념을 가진 애플빠, 특정 연예인에 대한 신념을 가진 팬덤fandom, 팬fan과 집단dom의 합성어 등이 있다. 태도attitude는 어떤 대상에 대한 지속적인 호의적 또는 비호의적 평가, 감정, 행동을 지칭하는 것으로, 개인의 가치체계에 근거를 두고 있으며, 신념보다 더 지속적이고 복잡한 경향이 있다. 따라서, 이러한 개인의 태도를 변화시키는 것이 매우 어려운데, 마케팅 관리자는 이러한 태도 변화를 위해 지속적으로 노력하여야 한다.

6. 마이클 달튼 존슨, 영업의 고수는 무엇이 어떻게 다른가, 도서출판 갈매나무, 2014년, p.314. 마이클 달튼 존슨은, 성공에 필요한 동기 부여에는 두 가지 강력한 믿음이 필요한데, 하나는 자신이 지금보다는 나아질 수 있다는 믿음, 두 번째는 더 나아지는 것이 자기 책임이라는 믿음이라고 기술함

 3. 구매의사결정 과정

1 소비자 구매의사결정 과정

　소비자 구매의사결정 과정은 앞서 소비자 구매행동 모델에서 살펴본 바와 같이, 문제 인식, 정보 탐색, 대안 평가, 구매 결정, 구매 후 행동 등의 5단계로 나누어진다. 물론 소비자들이 언제나 이러한 5단계의 소비자 구매의사결정 과정에 따라 구매를 결정하는 것은 아니지만, 대부분, 이런 단계를 의식적 무의식적으로 밟으면서 구매 행동을 하게 된다. [그림 3-8]은 앞에서 살펴본 소비자 구매행동 모델을 좀 더 단순화하여 정리한 것이다. 앞서 설명한 소비자 구매행동에 영향을 미치는 요인들이 소비자 구매의사결정 과정의 각 단계에도 영향을 미친다.

2 문제 인식

　소비자 구매의사결정 과정의 첫 번째 단계는 문제 인식이다. 이 단계는, 소비자들이 인식하는 실제 상태와 바람직하거나 이상적이라고 생각하는 상태 사이에 상당한 차이가 발생할 때 일어난다. 그러한 차이가 클 때 동기가 강하게 유발된다. 또한, 충분한 동기 유발이 있어야, 문제 인식 단계에서 소비자 구매의사결정 과정의 나머지 단계들을 거쳐서 실제 구매행동이 일어나게 된다. 동기 유발과 관련하여, 티저teaser 광고라는 것이 있다. 이는 소비자의 호기심을 자극하기 위하여 일부러 상품이나 서비스 따위에 대한 정보를 자세히 드러내지 않는 광고를 말한다. 가장 대표적인 티저 광고로 '선영아 사랑해!'로 유명한, 여성포털 마이클럽닷컴의 광고가 있다.

3 정보 탐색

　소비자들이 문제를 인식하고 나면, 인식한 문제를 해결하기 위하여 정보를 탐색하게 된다. 정보 탐색은 크게, 내적 탐색과 외적 탐색으로 나눌 수 있는데, 내적 탐색internal search은 소비자의 기억 속에 저장되어 있던 정보를 회상하고 인출하는 과정을 말하며,

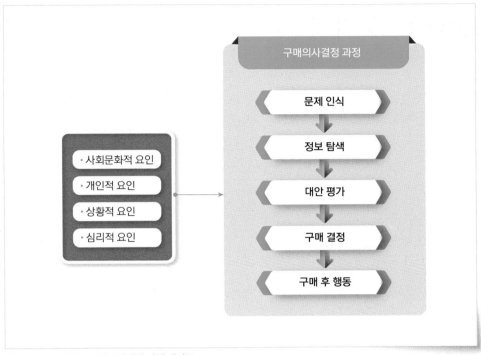

△ 그림 3-8 소비자 구매의사결정 과정 개념도

외적 탐색external search은 광고, 친구, 판매원 등의 외부로부터 정보를 수집하는 과정을 말한다. 특히 외적 탐색은 문제 해결을 위한 충분한 정보가 부족하거나, 보다 많은 정보가 필요한 경우, 시간이나 비용을 들여서 외부 정보원으로부터 정보를 수집하는 것이다. 이러한 외적 탐색은 다시 정보의 원천에 따라, 가족, 지인이나 친구 등의 개인적 원천, 광고나 판촉물 등의 상업적 원천, 대중 매체, 소비자가 중시하는 조직체 등의 공공적 원천, 소비자의 직접적인 사용 경험의 경험적 원천으로 나눌 수 있다.

4 대안 평가

소비자들은 정보 탐색을 통해 알게 된 내용을 바탕으로 구매대상이 되는 여러 가지 대안을 살펴보고 평가하게 되는데, 이때 소비자는 대안을 평가할 기준과 방식을 결정하고 고려하고 있는 대안들을 평가하게 된다. 대안을 평가하는 방법은 다양하지만, 여기

속성	가격	디자인	선명도	크기	배터리수명
중요도	40%	20%	20%	10%	10%
A제품	10	9	9	9	8
B제품	8	10	9	5	8
C제품	8	7	8	8	8
D제품	7	8	8	9	7

- A제품 = $(10 \times 0.4) + (9 \times 0.2) + (9 \times 0.2) + (9 \times 0.1) + (8 \times 0.1) = 9.3$
- B제품 = $(8 \times 0.4) + (10 \times 0.2) + (9 \times 0.2) + (5 \times 0.1) + (8 \times 0.1) = 8.3$
- C제품 = $(8 \times 0.4) + (7 \times 0.2) + (8 \times 0.2) + (8 \times 0.1) + (8 \times 0.1) = 7.8$
- D제품 = $(7 \times 0.4) + (8 \times 0.2) + (8 \times 0.2) + (9 \times 0.1) + (7 \times 0.1) = 7.6$

🔺 표 3-2 디지털 카메라의 보상적 평가방식

서는 가장 많이 활용하는 방식인 보상적 평가방식compensatory evaluation method에 대해서만 설명하도록 하겠다. 보상적 평가방식은 각 제품이 가지고 있는 속성을 분류하고, 이 속성들의 중요도를 고려한 가중 평점을 합산하여 가장 높은 점수를 받은 제품을 구매하는 방식이다. [표 3-2]은 디지털 카메라의 보상적 평가방식을 예로 든 것이다.

[표 3-2]에서, 디지털 카메라의 경우, 각 속성의 중요도는 가격 40%, 디자인 20%, 선명도 20%, 크기 10%, 배터리 수명 10%이다. A 제품의 경우, 가격 10점, 디자인 9점, 선명도 9점, 크기 9점, 배터리 수명 8점을 받았고, 각 속성의 중요도를 고려하여 계산하면, $(10 \times 0.4) + (9 \times 0.2) + (9 \times 0.2) + (9 \times 0.1) + (8 \times 0.1) = 9.3$점을 획득하게 된다. 따라서 4개 제품 중 A 제품이 가장 높은 점수를 받아 A 제품을 선택하게 되는 것이다.

5 구매 결정

소비자들은 대안 평가 후 가장 선호하는 제품을, 즉 앞에서 설명한 보상적 평가에서 가장 높은 점수를 받은 제품을 구매하려는 의도를 가지게 되고 실제 구매 행동으로 이어지게 된다. 물론, 구매 의도의 형성과 실제 구매 결정 사이에는 주변인의 권유나 예기치 못한 상황 발생 등으로 실제 구매 행동이 일어나지 않을 수도 있다. 하지만, 이러한 예측이 어려운 상황은 소비자 구매의사결정 과정에서는 제외하도록 한다.

◎ 그림 3-9   고객 불만족 확산 경로[7]

6 구매 후 행동

소비자가 제품을 구매했을 때, 구매 행위를 통하여 어떤 결과를 기대한다. 이러한 기대가 얼마나 충족되었는가에 따라, 구매 결과에 대하여 만족 또는 불만족을 표현하게 된다. 소비자들이 구매를 결정한 후 자신들의 다양한 인지, 신념, 태도 사이에 심리적인 갈등을 느끼는 경우가 가끔 있는데, 이를 인지적 부조화라고 한다. 인지적 부조화cognitive dissonance는 미국의 사회심리학자 리언 페스팅어Leon Festinger가 1957년 처음 제시한 용어로, 모순되는 두 가지 인지 요소를 가질 때 나타나는 인지적 불균형상태를 지칭하는데 최근에는 여러 분야에서 많이 사용되는 용어이다. 인지적 부조화는 구매 결정이 심리적으로 금전적으로 중요하거나, 이미 알고 있는 대안들이 많이 있거나, 쉽게 구매할 수 있는 경우 더욱 커지는 경향이 있다. 구매 후 행동에서 마케팅 관리자가 주의해야 할 것이 고객의 불만족이다. 고객의 불만족이 기업의 제품에 대한 불만족으로만 끝나는 것이 아니기 때문에, 고객 불만족 관리에 주의를 기울여야 한다. [그림 3-9]는 고객 불만족의 확산 경로를 정리한 것이다.

7. 오정주, 권인아, 비즈니스 매너와 글로벌 에티켓, 한올, 2019년, P.125. 오정주 등은, 2006년 불만고객연구소 보고서 (2006.3월)을 인용하였는데, 이를 재인용하여 수정함

[그림 3-9]에서 알 수 있듯이, 불만족 고객의 37%가 불만족에 대하여 표현하고, 그중 31%가 불만족에 대해 비판하고 이를 전파하는데, 보통의 경우 3~5명의 지인에게 제품에 대한 험담을 늘어놓는다는 것이다. 불만족 고객이 마케팅 관점에서 중요한 것은, 불만족 고객의 불만 사항을 적극적으로 해결함으로써 불만족 고객을 자사에 우호적인 고객 또는 충성스러운 고객으로 전환할 수 있다는 것이다. 〈초우량 기업의 조건〉의 저자이자 세계적 경영 대가 톰 피터스Thomas J. Peters는 '가장 충성스러운 고객이 문제를 제기하는 고객'이라고 표현하고 있다[8].

8. 톰 피터스, 리틀빅씽(The Littel Big Things), 더난출판, p.224. 톰 피터스는, 가장 충성스러운 고객은 문제를 제기하는 고객이며, 첫 번째 비즈니스 기회는 이 성난 고객을 팬으로 바꾸는 것이라고 기술함

디지털 사회의
마케팅

Chapter

04

표적시장 마케팅 전략
(STP 전략)

1. 표적시장 마케팅 전략의 개념 및 수립

1 표적시장 마케팅 전략의 개념

표적시장 마케팅 전략STP 전략은 앞에서도 잠시 설명하였지만, 시장 세분화market segmen-tation, 표적시장 선택market targeting, 제품 포지셔닝product positioning을 의미하는 것으로, 세분화segmentation, 표적 선택targeting, 포지셔닝positioning의 영문 첫 글자를 따서 STP라고 하는데, 이를 표적 마케팅 전략이라고도 한다. 표적시장 마케팅 전략은 마케팅 전략에서 가장 핵심적인 전략으로, 현재도 실제 현장에서 많이 활용되고 있는 전략이다. 이러한 표적시장 마케팅 전략도 그 개념이 시대의 변화에 따라 바뀌어 왔다. 먼저, 매스 마케팅 mass marketing 개념이다. 이는 소비자의 다양한 욕구를 고려하지 않고, 적당한 품질과 저렴한 가격을 추구하는 제품을 공급하는 것으로, 규모의 경제를 바탕으로 한 대량 생산, 대량 유통 등을 위한 마케팅 활동을 의미한다. 다음으로 세분시장 마케팅segment market-ing 개념이다. 이는 소비자 욕구의 다양성을 전제로, 비슷한 욕구의 고객을 묶어 몇 개의 작은 시장세분시장으로 나누고 각 세분시장의 욕구에 맞는 제품을 개발하고 마케팅하는 활동을 말한다. 마지막으로 개별 마케팅individual marketing 개념이다. 이는 고객 개개인의 욕구에 부합하도록 마케팅하는 것으로, 개별 고객 맞춤 제품을 개별적으로 공급하는 것을 말한다. 시간적으로 매스 마케팅에서 세분시장 마케팅으로, 다시 개별 마케팅으로 변화하여 왔다.

2 표적시장 마케팅 전략 수립 과정

표적시장 마케팅 전략의 수립 과정을 표로 정리한 것이 [그림 4-1]이다.

시장 세분화market segmentation는 잠재고객으로 이루어진 전체 시장을 비슷한 특성을 지닌 동질적인 여러 개의 하위시장으로 나누는 작업을 말한다. 이러한 시장 세분화가 이루어진 후에는, 각 하위시장세분시장의 매력도를 평가하고, 진입할 하나 또는 다수의 하위시장을 선택하게 된다. 이를 표적시장 선택market targeting이라고 한다. 표적시장을 선택

🔵 그림 4-1　표적시장 마케팅 전략 수립 과정

하고 난 후에는 구체적인 마케팅 믹스 활동을 통하여 제품의 경쟁적 위치를 정립하는 작업이 필요한데, 이를 제품 포지셔닝product positioning이라고 한다. 이러한 제품 포지셔닝은 실제 비즈니스 현장에서 경쟁적 위치를 차지하기 위한 활동이라기보다는 고객의 뇌리 속에서 자리를 잡는, 즉 소비자의 인지 형성 활동이라고 할 수 있다. 따라서, 포지셔닝을 마케팅 전략의 핵심이라고 정의하는 경우도 있고[1], 마케팅 활동의 근간을 이루는 것이라고도 하는 경우도 있다.[2] 표적시장 마케팅 전략을 수립하기 위해서는 각 단계별

1. 폴 스미스, 마케팅이란 무엇인가, 거름, p. 73. 폴 스미스는, 포지셔닝은 마케팅 전략의 핵심이라고 기술함
2. 전선규, 소비자는 좋은 제품을 선택하지 않는다, 마인드탭, p.204. 진선규는, 마케팅 활동의 근간을 이루는 것이 바로 포지셔닝 전략이라고 기술함

시장 세분화 market segmentation	1. 세분화 기준 및 변수 선정 2. 각 세분시장의 대표적인 특성 파악
표적시장 선택 market targeting	1. 각 세분시장의 매력도 평가 2. 가장 매력있는 표적 세분시장 선택
제품 포지셔닝 product positioning	1. 각 표적 세분시장에서의 가능한 제품 포지셔닝 개념 파악 2. 각 표적 세분시장별 가장 효과적인 마케팅 믹스 개발

△ 그림 4-2 표적시장 마케팅 전략 수립의 구체적 과정

로 보다 구체적인 활동이 필요하다. 우선, 시장 세분화 단계에서는 세분화 기준 및 변수를 선정하고, 각 세분시장의 대표적인 특성을 파악하는 것이 필요하다. 표적시장 선택 단계에서는 각 세분시장의 매력도를 평가하고 그 중에서 가장 매력있는 표적 세분시장을 선택해야 한다. 제품 포지셔닝 단계에서는 각 표적 세분시장에서 가능한 제품 포지셔닝의 개념을 파악하고, 이를 바탕으로 각 표적 세분시장별로 가장 효과적인 마케팅 믹스를 개발하여야 한다. 표적시장 마케팅 전략 수립의 구체적인 과정을 정리하면 [그림 4-2]와 같다.

 ## 2. 시장 세분화

1 시장 세분화의 개념

앞에서 표적시장 마케팅 전략에 대하여, 개괄적으로 설명하였지만, 이제부터는 표적시장 마케팅 전략의 각 단계별로 좀 더 구체적으로 설명하도록 하겠다. 먼저, 시장 세분화이다. 시장 세분화는 하나의 전체 시장을 특정 기준에 따라 여러 개의 작은 세분시장

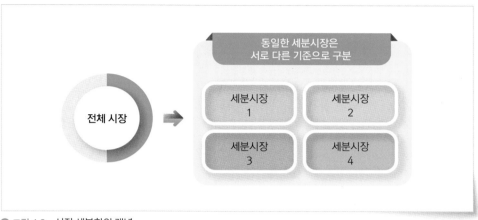

◯ 그림 4-3   시장 세분화의 개념

으로 나누는 것을 말하는 것으로, 따라서 이렇게 나누어진 각 세분시장은 서로 다른 기준으로 구분이 되는 것이다. 시장 세분화를 도식화한 것이 [그림 4-3]이다.

시장 세분화는 여러 가지 이점이 있다. 우선, 시장 세분화를 통해 시장구조를 파악하고 시장 기회를 발견할 수 있는데, 특히, 니치 마켓niche market, 틈새시장 포착이 가능하다. 이는 시장 전체 구조를 파악함과 동시에 고객의 욕구도 상세하게 알 수 있기 때문에, 시장 기회를 포착할 수 있다는 것이다. 또한, 각 세분시장별 차별화를 통하여 가격 경쟁을 완화하고 브랜드 충성도를 높일 수 있다. 각 세분시장에 적합한 제품 및 서비스를 제공함으로써 직접적인 가격 경쟁을 피할 수 있고, 각 세분시장 고객의 욕구를 정확히 충족시킴으로써 자사 브랜드에 대한 충성심도 확보할 수 있는 것이다. 따라서, 시장 세분화를 통해 고객 중심의 사고방식을 통한 기업의 경쟁력을 확보할 수 있다.

2   시장 세분화의 조건

효과적인 시장 세분화를 위해서는 몇 가지 조건이 필요하다. 그 요건들을 정리한 것이 [그림 4-4]이다.

먼저, 규모성이다. 이는 각 세분시장에 맞는 마케팅 믹스를 개발하고 유지하기 위해서는 세분시장의 규모가 충분히 커야 한다는 것이다. 측정 가능성, 각 세분시장은 식별이 가능하고 확인이 가능하여야 하며 각 세분시장의 규모도 측정이 가능하여야 한다

△ 그림 4-4 시장 세분화의 조건

기준	구체적 변수
지리적 기준	거주지역, 도시규모, 인구밀도, 기후, 지형적 특성
인구통계적 기준	나이, 성별, 가족규모, 가족생애주기, 소득, 직업, 종교, 교육수준
심리분석적 기준	라이프스타일, 개성, 사회계층
행동분석적 기준	구매계기, 추구 편익, 사용경험 여부, 제품 사용량, 브랜드충성도, 제품구매단계, 가격민감도, 제품태도

△ 표 4-1 시장 세분화의 기준

기준	구체적 시장
지리적 기준	중남미 시장, 미국시장, 아열대지역, 북반구, 도시지역, 산악지역
인구통계적 기준	미취학 아동, 대학생, 1인 가구, DINK, TONK, 대졸, 이슬람교(Halal), 베이비붐 세대, 4060 남성(OPAL세대)*, 그루밍족**
심리분석적 기준	하위층, 중산층, 최상위층
행동분석적 기준	대량소비자, 실용적 소비자, 잠재적 구매자, 비사용자, 애플빠, MiFan, 구매결정자 (구매자, 사용자, 발안자 및 영향자 등 구별)

• OPAL 세대 ; Old People with Active Lives의 약자로, 58년 개띠 중심으로 한, 활기찬 인생을 살아가는 신중장년층
•• 그루밍족(Grooming족) ; 패션과 미용에 아낌없이 투자하는 남성들

△ 표 4-2 시장 세분화의 예

는 것이다. 접근 가능성은, 각 세분시장의 시장 구성원들에게 마케팅 믹스를 통하여 접근할 수 있어야 한다는 것이다. 차별성은, 각 세분시장이 시장 논리에 합당하다고 여겨지는

기준으로 세분되어 각 세분시장이 구별되어야 한다는 것이다. 마지막으로 실현 가능성이란, 각 세분시장에 효과적인 마케팅 프로그램을 실행할 수 있어야 한다는 것이다.

3 시장 세분화의 기준

이러한 시장 세분화에는 다양한 기준들이 있으며, 이러한 기준을 정리한 것이 [표 4-1]이다.

시장 세분화의 기준에는 우선, 거주지역이나 도시 규모, 인구밀도, 기후, 지형적 특성 등의 지리적 기준이 있다. 또한, 나이, 성별, 가족 규모, 가족생애주기, 소득, 직업 등과 같은 인구통계적 기준이 있으며, 라이프스타일이나, 개성, 사회계층 등과 같은 심리 분석적 기준도 있다. 그리고, 구매계기, 사용 경험 여부, 브랜드 충성도 등과 같은 행동분석적 기준도 있다. [표 4-2]는 시장 세분화의 기준에 따른 구체적인 예를 정리한 것이다.

3. 표적시장 선택

1 표적시장 평가

표적시장 선택이란, 시장 세분화를 통한 세분시장 중에서, 기업이 마케팅 활동을 집중적으로 수행하고자 하는 하나 또는 여러 개의 세분시장을 선택하는 것을 말한다. 이러한 표적 시장을 선택하기 위하여는 표적시장 평가가 우선되어야 한다. 표적시장을 평가하는 기준은 고객, 경쟁 및 자사 측면에서 여러 가지가 있다. 우선 고객 측면에서, 세분시장의 규모나 성장성, 수익성 등이 평가 기준이 될 수 있다. 경쟁 측면에서는 산업 내 경쟁사 간 경쟁의 정도, 신규 기업 진입의 위험 정도, 대체재의 위협, 공급자와 구매자의

---

3. Michael E. Porter, Competitive Strategy, The Free Press, 1998, p.4-29. 마이클 포터는, 산업 경쟁을 이끄는 요인(Forces Driving Industry Competition)으로 5개 요인을 제시하고 설명함. Michael E. Porter, On Competition, Harvard Business School Publishing, 1998, p.22. 마이클 포터는, 산업에서 경쟁을 지배하는 요인(Forces Governing Competition in an Industry)으로 5개 요인을 설명함

○ 그림 4-5　표적시장 선택 전략 비교

교섭력 등이 평가 기준이 될 수 있는데, 이는 앞서 설명한 마이클 포터Michael E. Porter의 5 요인 분석Five Forces' Analysis을 활용하여 분석할 수 있다.[3] 자사 측면에서는 기업의 목표, 전략, 자원, 기술 등이 평가 기준이 될 수 있다.

2　표적시장 선택 전략

　표적시장 선택 전략에는 마케팅 활동과 결합하여 몇 가지 선택 전략이 있다. 먼저, 비차별적 마케팅 전략이다. 이는 각 세분시장 간 차이를 무시하고, 전체 시장을 대상으로 한 개 제품으로 표준화된 마케팅 활동을 하는 것을 말한다. 이는 앞에서 설명한 매스 마케팅mass marketing과 일맥상통하는 개념이며, 대량 마케팅 전략이라고도 한다. 차별적 마케팅 전략은 각 세분시장에 서로 다른 마케팅 활동을 실행하는 것으로, 다양한 제품을 각기 다른 세분시장에 공급하는 것이다. 이는 앞에서 설명한 세분시장 마케팅segment marketing과 같은 의미로 사용되기도 한다. 집중적 마케팅 전략은, 한 개의 세분시장을 선정하고, 해당 시장 고객의 욕구를 충족시키는 제품을 제공하는데 역량을 집중하는 것을 말한다. 이는 제한된 자원을 보유한 기업이 특정 시장, 즉 니치 마켓틈새시장을 선정하여 집중하는 것으로 니치 마켓niche market 마케팅, 또는 틈새시장 마케팅이라고도 한다. 마지막으로, 일대일 마케팅 전략이다. 이는 개별 소비자의 욕구를 충족시키는 제품 및 서비스를 제공하는 것으로, 개별 마케팅individual marketing과 같은 의미로 사용된다. 미시적 마케팅 전략, 마이크로 마케팅 전략이라고도 한다. 표적시장 선택 전략을 정리한 것이 [그림 4-5]이다.

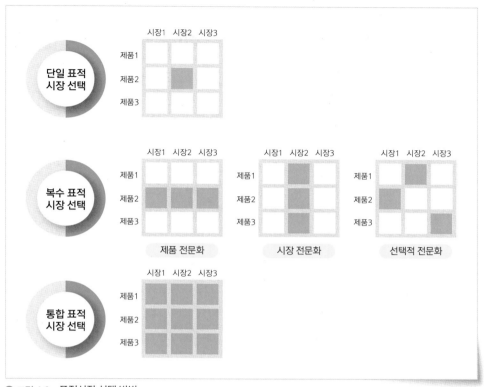

● 그림 4-6 표적시장 선택 방법

3 표적시장 선택 방법

　표적시장 선택에는 크게, 단일 표적시장 선택, 복수 표적시장 선택 및 통합 표적시장 선택의 3가지 방법이 있다. 우선 단일 표적시장 선택은, 여러 세분시장 중에서 한 개의 세분시장을 선택하는 것을 말한다. 이는 세분시장의 매력도가 아주 높은 경우, 다른 경쟁사가 진입하지 않은 경우, 자사의 자원이 매우 제한적인 경우에 채택하는 방법이다. 다음은 복수 표적시장 선택이다. 이는 두 개 이상의 표적시장을 선택하는 것을 말하는데, 이는 다시, 하나의 제품으로 여러 세분시장을 공략하는 제품 전문화 전략, 하나의 시장에서 다양한 제품을 제공하는 시장 전문화 전략, 그리고 위험 분산을 위하여 여러 세분시장을 선택하는 선택적 전문화 전략으로 나눌 수 있다. 통합 표적시장 선택은 세분화된 전체 시장을 표적시장으로 선택하는 것을 지칭하는데, 중소기업보다는 자원이나 역량이 충분한 대기업이 취하는 경우가 많다. 표적시장 선택 방법을 정리한 것이 [그림 4-6]이다.

4. 제품 포지셔닝

1 제품 포지셔닝의 개념 및 유형

먼저, 제품 포지션과 제품 포지셔닝이란 개념을 구분하여 이해하여야 한다. 우선, 제품 포지션product position은 소비자가 자사 제품이나 브랜드를 경쟁사와 비교하여, 어떻게 인식하고 있는지를 나타내는 것을 말한다. 이에 대하여, 제품 포지셔닝product positioning은 소비자의 인식 속에 경쟁사 대비 자사 제품이나 브랜드의 바람직한 이미지를 만들어내고 유지하는 활동을 의미한다. 이러한 제품 포지셔닝에는 여러 가지 유형이 있다. 먼저 제품 속성에 의한 포지셔닝이다. 이는 타사 제품에 대비한 자사 제품의 차별화된 속성을 강조하는 것을 말한다. 이미지에 의한 포지셔닝도 있는데, 이는 자사 제품의 상징적이고 감성적인 편익이나 속성 등을 나타내는 독특한 이미지를 강조하는 것을 말한다. 대표적인 예가 HOGHarley Owners Group인데, 이는 전 세계 회원 100만 명의 할리데이비슨 오토바이 소유자 모임으로 할리 데이비슨 라이더로서의 자부심을 포지셔닝했다. 경쟁 제품에 의한 포지셔닝도 있다. 이는 자사 제품과 경쟁사 제품을 비교하여 암시적으로 자사 제품의 우위성을 표현하는 것이다. 대표적인 예가 펩시콜라Pepsi와 코카콜라Coke의 비교 광고이다. 또한, 사용 상황에 의한 포지셔닝도 있는데, 이는 자사 제품의 적절한 사용 상황을 설명함으로써 타사 제품과 차별화하는 것을 말한다. 대표적인 예로 갈증 해소 음료인 게토레이의 광고로, 게토레이를 마시면서 갈증을 시원하게 해소하는 모습을 광고하여 소비자에게 강한 인상을 남겼다. 마지막으로 제품 사용자에 의한 포지셔닝도 있다. 이는 자사 제품 사용자를 특정 시장이나 대상에 맞게 설정하여 제시함으로써 타사 제품과 차별화하는 것이다. 대표적인 예가 말보로 카우보이 모델로, 말보로는 카우보이들이 피우는 담배라는 인식으로 포지셔닝했다.

2 제품 포지셔닝의 기법

제품 포지셔닝을 위하여 다양한 기법이 활용되고 있는데, 여기서는 스토리 텔링과 기업의 사회적 책임, 공익마케팅에 대해서만 간단히 설명하도록 하겠다. 스토리 텔링

소비자 분석

경쟁제품 포지션 분석

자사제품의 바람직한 포지션 설정

포지셔닝 전략 실행

포지셔닝 확인 및 재포지셔닝 ── 포지셔닝 맵

● 그림 4-7   제품 포지셔닝 수립 단계

stroy-telling은 상대방에게 알리고자 하는 바를 재미있고 생생한 이야기로 설득력 있게 전달하는 행위를 말한다. 이는 기억하기 쉽고 공감하기 쉽기 때문에 최근 다양한 용도로 활용되고 있다. 스토리 텔링을 활용한 마케팅을 공감 마케팅empathy marketing이라고도 하는데, 대표적인 예가 도브Dove의 Real Beauty Sketches 캠페인이다. 이는 보통 여성의 자연스러운 아름다움을 강조하는 광고로 특히 유명했는데, '당신은 당신이 생각하는 것보다 더 아름답습니다You are more beautiful than you think'라는 메시지로, 여성 소비자들에게서 상당한 공감을 이끌어냈다. 기업의 사회적 활동과 관련하여, 앞에서도 설명한바 있는 기업의 사회적 책임CSR, corporate social responsibility은 복지 사회를 이루기 위하여 기업이 이윤 추구에만 집착하지 않고 사회의 일원으로서 사회적 책임을 자각하고 실천하여야 할 의무를 말한다. 이와 함께 공익 마케팅cause marketing, 대의 마케팅이란 것이 있는데, 이는 환경, 보건, 빈곤 등 다양한 사회적 이슈, 즉 코즈cause를 기업의 마케팅 활동에 활용하는 것을 말한다. 예를 들어, CJ 제일제당의 경우 미네워터 바코드롭 캠페인은 아프리카 어린이들에게 깨끗한 물을 공급하는 활동을 마케팅에 활용한 예이다.

3 제품 포지셔닝 수립 단계

제품 포지셔닝을 수립하기 위한 단계는 [그림 4-7]과 같다. 제품 포지셔닝을 위해서는

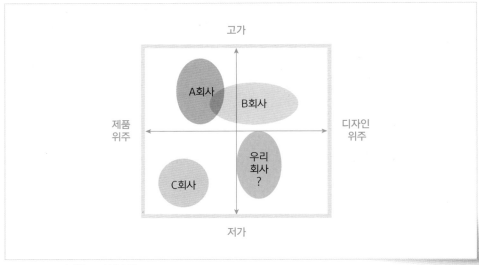

🔺 그림 4-8　자사의 포지셔닝 맵

먼저, 소비자를 분석하고, 경쟁사 제품의 포지션을 분석해야 한다. 다음으로 자사 제품의 바람직한 포지션을 설정하고, 이에 맞춰 포지셔닝 전략을 실행하고, 이후 자사 제품의 포지셔닝을 확인하고 필요시에는 재포지셔닝을 해야 한다. 재포지셔닝repositioning이란, 경쟁환경이나 소비자 욕구의 변화에 따라 포지션을 새롭게 설정하는 것을 말한다. 제품 포지셔닝 수립 단계에서 특히, 자사 제품의 포지셔닝 및 재포지셔닝의 단계에서 중요한 포지셔닝 맵에 대하여 설명하도록 하겠다. 포지셔닝 맵positioning map은 소비자의 마음속에 있는 제품의 선택 기준과 자사 제품을 포함한 시장 내 경쟁 제품의 위치를 2차원 또는 3차원 공간에 작성한 지도를 말한다. 자사의 포지셔닝 맵의 예는 [그림 4-8]과 같이 표시할 수 있다. 포지셔닝 맵은 마케팅 담당자에게 여러 가지 유용한 정보를 제공한다. 우선, 자사 제품이 소비자에게 어떻게 인식되고 있는지 알 수 있다. 또한, 자사 제품의 경쟁자가 누구이고 경쟁 제품이 무엇인지 파악할 수 있다. 제품 속성에 대한 소비자의 이상점을 파악할 수도 있으며, 자사 제품의 현재 포지셔닝이 제대로 되었는지에 대해서도 측정할 수 있다. [그림 4-9]는 치킨 시장의 포지셔닝 맵을 예로 든 것이며, [그림 4-10]은 주류 시장의 포지셔닝 맵이다.

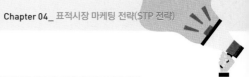

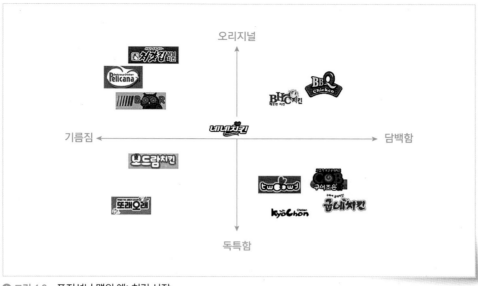

● 그림 4-9 포지셔닝 맵의 예; 치킨 시장

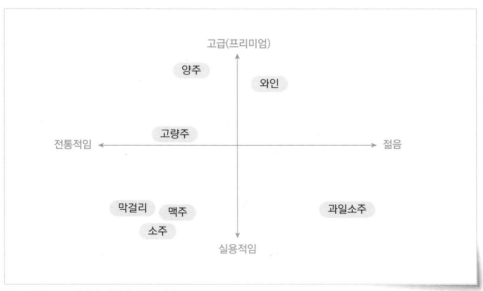

● 그림 4-10 포지셔닝 맵의 예; 주류 시장

Chapter

05

제품 관리

1. 제품의 개념

제품product은 좁은 의미의 제품과 넓은 의미의 제품으로 설명할 수 있다. 좁은 의미의 제품이란, 물리적 기능적 속성을 나타내는 유형의 제품을 말한다. 이에 반해 넓은 의미의 제품은 좁은 의미의 제품 개념에 부가하여 부수적 서비스나 상징적 가치 등을 모두 포함하는 개념이다. 즉 물리적 기능적 제품에, 포장, 브랜드, 배달 서비스, 신용 제공, 쾌적한 쇼핑 분위기 등을 포함하는 개념이다. 이러한 제품을 구성하는 요소는 [그림 5-1]과 같이 표현할 수 있다.

핵심제품core product은 고객에게 주는 핵심적인 편익이나 혜택을 말하며, 유형제품tangible product은 핵심제품을 전달하기 위한 물리적 유형적 제품을 가리키는 것으로, 고객이 기대하는 특성들을 포함하고 있다. 확장제품augmented product은 경쟁사의 제품과 차별화된 서비스 또는 부가적인 서비스를 지칭한다. 필립 코틀러Philip Kotler는 제품의 구성 요소를 핵심이점core benefit, 기본제품basic product, 기대제품expected product, 확장제품augmented product, 잠재제품potential product 등 5가지 제품의 차원으로 구분하고 있다[1]. [그림 5-2]는 제품의 구성 요소를 자동차와 호텔에 적용하여 설명한 예이다.

2. 제품의 분류

이러한 제품도 다양한 기준에 따라 나눌 수 있다. 우선 제품의 물리적 특성에 따라 분류할 수 있는데, 이 경우는 유형 제품과 무형 제품으로 나눌 수 있다. 유형제품tangible product은 다시 내구재와 비내구재로 나누는데, 내구재durable goods는 사용 기간이 긴 제품을 말하는 것으로, TV, 가구, 냉장고, 등이 이에 해당한다. 비내구재nondurable goods는 사용 기간이 짧은 제품을 일컫는데, 음료수, 비누, 음식물 등이 해당한다. 무형제품intangible product은 서비스를 말한다. 서비스service란 사람, 설비, 시설 등이 제공하는 행위를 지칭하는 것으로, 특징으로는 무형적이고 표준화되어 있지 않으며, 생산과 소비가 동

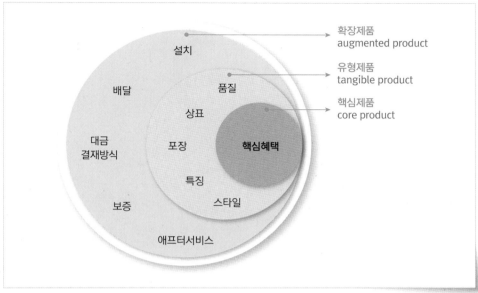

🔵 그림 5-1   제품의 구성 요소

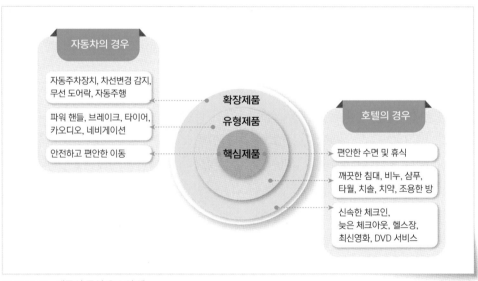

🔵 그림 5-2   제품의 구성 요소의 예

1. 필립 코틀러, 마케팅관리론(Marketing Management 11판), 도서출판 서정, 2004년, p.573. 필립 코틀러는, 고객 가치 계층 (customer value hierarchy) 관점에서 5가지 제품 차원을 설명함

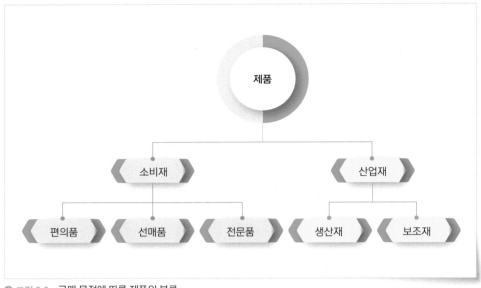

⬥ 그림 5-3 **구매 목적에 따른 제품의 분류**

시에 이루어지는 것으로, 저장되지 못하고 즉시 소멸한다는 것이다. 또한, 소비자의 구매 목적에 따라 분류할 수 있다. 이 경우는 소비재와 산업재로 구분한다. 소비재consumer goods란, 최종 소비를 목적으로 구매하고 더 이상 가공하지 않고 사용하는 제품을 말한다. 이러한 소비재는 다시, 편의품, 선매품, 전문품으로 나뉜다. 편의품convenience goods이란, 구매 빈도가 높고 제품 비교나 구매 노력이 거의 없는 제품을 일컫는 것으로, 예를 들어, 치약, 비누 등이 해당된다. 선매품shopping goods은 구매 빈도가 중간 정도로 가격, 스타일, 품질 등을 비교하고 구입하는 제품을 말한다. 대표적인 예로, 가구, 의류 등이 있다. 전문품specialty goods은, 구매 빈도가 낮고 브랜드 충성도나 브랜드 선호도가 높은 제품을 말하는데, 대표적인 예로 핸드백, 승용차 등이 있다. 산업재industrial goods는 재생산 목적으로 구매하는 제품으로, 소비재 매출에 따라 영향을 받는 파생적 수요의 성격을 가진 제품을 말한다. 이는 다시, 생산재와 보조재로 나누는데, 생산재production goods는 최종 생산물을 제조하기 위하여 사용되는 제품을 말하며, 이에는 원재료, 부품 등이 있다. 보조재support goods는 다른 제품이나 서비스를 생산하는데 지원하는 제품을 말하는 것으로, 대표적인 예로 설비, 보조장비, 소모품, 유지 및 보수 등이 있다. 구매 목적에 따른 제품의 분류를 정리한 것이 [그림 5-3]이다.

 그림 5-4 신제품의 분류

3. 신제품의 개발

1 신제품의 개념

신제품new product이란, 보통 새로 만들어진 제품을 의미하지만, 독창적 제품, 개량되거나 개선된 제품, 개발된 상표 등도 포함하는 개념이다. 신제품도 소비자나 기업의 관점에 따라 분류할 수 있는데, 이를 정리하면 [그림 5-4]와 같다.

혁신 제품innovative product이란 소비자와 기업 모두에게 새 제품인 경우를 말하는데, 대표적인 예가 애플Apple의 아이폰스마트폰으로, 애플Apple은 세상에 없던 스마트폰이라는 제품을 최초로 만들었다. 모방 신제품new product duplication은 이미 존재하여 소비자에게는 새로운 것이 아니지만, 기업에게는 새로운 제품인 경우를 말하는 것으로, 대표적인 예가 코카콜라 생수 '다이아몬드'로, 코카콜라는 다른 기업이 이미 생산하고 있던 생수를 자사 제품으로 새롭게 생산했다. 제품 확장product extension이란, 기업에게는 이미

⬥ 그림 5-5 　신제품 개발 과정

존재하는 아는 제품이지만, 소비자에게는 알려져 있지 않은 제품인 경우이다. 이러한 제품 확장에는 제품 수정product revision이나 개선을 통한 제품 확장이 있는데, 예를 들어 우유의 경우, 유기농 우유에 저지방 우유를 추가하는 형태의 기존 제품계열 확장의 경우가 있다. 또한, 기존 제품의 물리적 특성의 변화 없이 제품의 새로운 특징을 강조하는 재포지셔닝repositioning도 있는데, 대표적인 예가 아모레퍼시픽의 샴푸 '려'를 들 수 있다. 아모레퍼시픽의 샴푸 '려'는 원래 '탈모방지용 샴푸'로 포지셔닝positioning을 하였으나, 이후 '인삼 샴푸'로 재포지셔닝repositioning을 했다.

2 　신제품 개발 과정

신제품 개발도 정형화된 프로세스를 거치면서 이루어지는데, 이를 정리한 것이 [그림 5-5]이다.

먼저 신제품 개발 전략이 필요하다. 이는 신제품에 대한 아이디어의 수집, 심사, 평가 등을 위한 지침을 명확히 제시하기 위함이다. 신제품 개발 전략이 정해지면, 이에 근거하여 신제품 개발을 조직적이고 체계적으로 수행하기 위하여 아이디어 창출의 단계를 거친다. 아이디어의 원천에는 종업원, R&D 부서 구성원, 경영자, 고객, 유통업자, 공급업자, 전문 컨설턴트 등 다양한 원천이 있다. 가장 대표적인 아이디어 창출 방법으로는 브레인 스토밍brain storming이 있는데, 이는 아이디어를 만들어 낼 때 다수가 모여 자유롭게 아이디어를 내놓는 회의 방식을 말한다. 이렇게 나온 다수의 아이디어를 심사하고 선별하는 아이디어 평가의 단계가 있다. 다음으로 채택한 아이디어를 기반으로 제품 개념 테스트의 단계를 거치는데, 이는 제품 개념이 적합한지를 표적 고객을 대상으로 시험해 보는 것이다. 특히, 표적 고객을 대상으로 한 테스트를 베타 테스트beta test라고 한다. 참고로 내부 직원을 대상으로 한 테스트는 알파 테스트alpha test라고 한다. 제품 개념 테스트 후에는 제품의 사업성 분석이 필요하다. 이는 신제품의 수요, 매출액, 수익성, 투자비용 등을 고려하게 되는데, 가장 많이 활용되는 방법으로는 투자수익률ROI, return on investment 산출 방법이다. 투자수익률ROI, return on investment은 말 그대로 투자액에 대한 수익의 비율을 지칭한다. 다음으로 제품 개발의 단계로, 신제품의 개념을 물리적 형태로 구체화하는 것을 말한다. 신제품의 개발이 끝나면 실제 시장 상황에서 잠재고객의 반응과 매출 가능성 등을 조사하게 되는데, 이를 제품 시험 마케팅이라고 한다. 제품 시험 마케팅에는 표적 시장과 유사한 시장을 선정하여 조사하는 표준시험 시장 마케팅, 유통과정의 몇 개의 유통업체를 대상으로 조사하는 통제시험 시장 마케팅, 모의 쇼핑환경을 만들어 놓고 조사는 모의시험 시장 마케팅 등이 있다. 최종적으로 신제품을 시장에 출시하게 되는데, 이를 상업화라고 한다.

 ## 4. 제품의 포장 및 표찰

포장packaging이란, 제품의 용기, 포장지 등을 디자인하고 만드는 활동을 말한다. 포장도 몇 단계로 구분할 수 있는데, 제1단계는 일차 포장primary package으로 제품을 직접 담

는 용기에 넣는 과정을 말하고, 제2단계는 이차 포장secondary package이라고 하는데, 사용 전에 폐기되는 포장을 말한다. 제3단계는 제품을 안전하게 저장하고 효율적으로 수송하는 적송 포장shipping package을 말한다. 이러한 포장은 다양한 기능을 수행하는데, 먼저 제품 기능으로, 제품을 보호하고 저장하며 편리하게 사용하게 하는 기능이다. 또한, 커뮤니케이션 기능이 있는데, 이는 제품의 성분, 사용법, 특성 등의 정보를 전달하는 기능이다. 마지막으로 가격 기능이 있다. 이는 가격을 표시하여 구매량을 조절하는 기능으로, 대형 포장으로 대량의 제품을 한 번에 구매하도록 유도하는 기능, 소형 포장으로 소량 제품을 자주 구매하도록 유도하는 기능 등이 있다. 이러한 포장에도 포장 정책이 있는데, 먼저 포장 변경이다. 이는 디자인이나 이미지가 진부화하여 식상하게 된 경우, 소비자의 기호나 취향이 변화한 경우, 신기술 도입의 경우 등에 포장의 변경이 필요하다. 또한, 포장의 재사용도 필요한데, 이는 제품을 소비한 후 포장 용기를 재사용하기 위하여 디자인하는 것을 일컫는다. 최근에는 자원 절약 및 환경 보호 차원에서 포장의 재사용recycling에 대한 관심이 고조되고 있다. 또한, 복수 포장도 있는데, 이는 한 개의 용기에 여러 제품을 포장하는 것으로, 주로 선물 포장의 경우가 해당한다. 포장과 관련하여, 표찰labeling도 있다. 표찰도 포장의 일부로서 제품에 대한 추가 정보를 제공한다. 표찰에는 단순히 상표만을 표현하는 상표 표찰, 단어, 문자, 숫자 등으로 제품의 품질이나 등급을 표시하는 등급 표찰, 제품의 용도, 구성, 보관, 성능 등을 표시하는 설명 표찰 등이 있다.

 ## 5. 신제품의 수용 및 확산

1 신제품의 수용 과정

새로운 제품을 소비자가 인지하고 구매하여 사용하기까지는 여러 단계를 거치게 되는데, 이를 신제품의 수용 과정이라고 한다. 이 수용 과정을 정리한 것이 [그림 5-6]이다.

인지awareness란, 신제품이 소비자에게 노출되는 것을 말한다. 노출된 신제품에 대하여 소비자들이 관심interest을 가지게 되고, 소비자들이 신제품의 가치를 평가evaluation하

⬠ 그림 5-6 신제품의 수용 과정

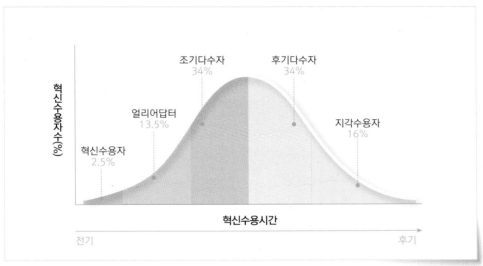

⬠ 그림 5-7 혁신 확산 이론

여 사용 여부를 고려하게 된다. 평가한 후, 시연이나 샘플 등을 통하여 신제품을 실제로 경험해 보는 것이 시용trial이다. 신제품을 시용해 본 후, 신제품 사용 여부를 결정하게 되고 구매가 일어나게 되는데, 이 단계를 수용adoption이라고 한다. 수용한 이후 구전효과 등으로 소비자들이 수용제품에 대하여 호의적인 경험을 하게 되고, 이런 경험을 바탕으로 충성 고객으로 전환되기도 하는데, 이를 확신conviction이라고 한다.

2 신제품의 확산 과정

신제품의 확산과 관련하여 많이 인용되는 것이 에버렛 로저스Everett M. Rogers가 1962년에 제시한 혁신확산이론Innovation Diffusion Theory이다. [그림 5-7]은 혁신확산이론을 정리한 것이다.

혁신확산이론은 혁신을 수용하는 시간의 흐름에 따른 혁신 성향을 기준으로 사회 구성원들을 범주화하여, 5개 집단, 즉 혁신수용자innovators, 얼리어답터early adopters, 조기다수자early majority, 후기다수자late majority, 지각수용자laggards로 구분하고 있다. 혁신수용자innovators는 모험심이 강하고 혁신의 위험을 감수하여 누구보다 먼저 혁신을 받아들이는 집단으로, 대략 전체의 2.5%를 차지한다. 얼리어답터early adopters는 의견 선도자라고도 하는데, 새로운 아이디어를 선별적으로 조기에 수용하는 집단을 말한다. 전체의 13.5%를 차지하며, 새로운 전자기기, 특히 스마트폰의 새로운 버전이 나오면 가장 먼저 구입하는 계층이 이에 해당한다. 조기다수자early majority는 리더는 아니지만 신중하며 일반 소비자보다 앞서 혁신을 수용하는 집단으로, 전체의 34% 정도를 차지한다. 후기다수자late majority는 대부분의 소비자가 이에 해당하는데, 제품 사용 후 혁신을 수용하며 전체의 34%를 차지한다. 지각수용자laggards는 전통 지향적 성격으로 유행에 둔감하여 혁신을 마지막에 수용하는 집단으로, 전체의 16%를 차지한다. 혁신을 받아들이는 정도, 즉 혁신 성향에 따라 혁신이 확산되지만, 이와는 별개로 신제품을 소비자들이 수용하는데 영향을 미치는 요인은 다양하게 존재한다. 먼저 상대적 이점이 있다. 이는 기존 제품과 비교하여 신제품의 이점이 클수록 수용 속도가 빨라진다. 또한, 신제품이 소비자의 가치관이나 경험, 기호 등과 일치하는 경우 그 수용 속도가 빨라진다. 제품의 복잡성이나 이해의 용이성도 수용 속도에 영향을 미치는데, 신제품에 대해 이해가 쉽거나 사용이 편리하다면 수용 속도가 빨라지지만, 신제품이 복잡하다면 수용 속도가 느려진다. 예를 들어 복잡한 PC나 프린터 사용설명서를 생각하면 이해가 쉬울 것이다. 또한, 시용 가능성도 신제품의 수용 속도에 영향을 미친다. 샘플이나 시연 등으로 시용 가능성이 높다면 수용 속도가 빨라진다.

 6. 제품 수명주기

제품수명주기product life cycle란 하나의 제품이 시장에 도입되어 폐기되기까지의 과정을 말하는 것으로, 대체로 도입기, 성장기, 성숙기, 쇠퇴기의 4단계 과정으로 나눌 수 있다.

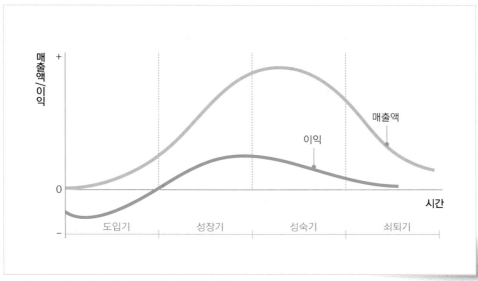

○ 그림 5-8 제품수명주기에 따른 매출액 및 이익의 변화

가장 대표적인 제품수명주기는 [그림 5-8]과 같다.

도입기introduction는 제품을 출시하는 단계로 소비자들의 신제품 구매가 가능한 시기이다. 보통의 경우, 매출액이 적고 이익을 내지 못하며 경쟁자도 소수이다. 성장기growth는 신제품에 대하여 소비자들의 만족도가 높아져 매출액이 늘고 이익도 급증하는 시기이다. 이에 따라 경쟁자도 증가하게 된다. 성숙기maturity는 대부분의 잠재고객이 제품을 구입하게 되어 매출액이 극대화되고 이익도 높아진다. 하지만, 이 단계는 매출액과 이익이 정점을 찍는 단계로, 성장이 둔화되거나 정체되는 단계이기도 하다. 쇠퇴기decline는 판매량이 급속히 감소하는 단계로, 매출액 및 이익이 감소하고 경쟁자도 감소하는 단계이다. 일반적인 제품수명주기는 [그림 5-8]과 같지만, 제품에 따라 그 형태가 다양하게 나타난다. [그림 5-9]는 제품 유형별 제품수명주기를 간략하게 표시한 것이다.

유행 제품은 앞에서 설명한 일반적인 제품수명주기의 형태를 띤다. 일시적 유행 제품은 어느 시기에 급속하게 매출이 증가하였다가 급속하게 감소하는 형태를 띤다. 순환적 제품은 제품수명주기 내내 매출이 증가했다가 소폭 감소하고 다시 증가하는 형태를 띤다. 스타일 제품의 경우, 유행에 따라 매출이 영향을 받는 형태로 특정 시기에 매출이 증가했다가 감소하지만 다시 특정 시기에 매출이 증가하는 형태를 띤다. 장수 제품은

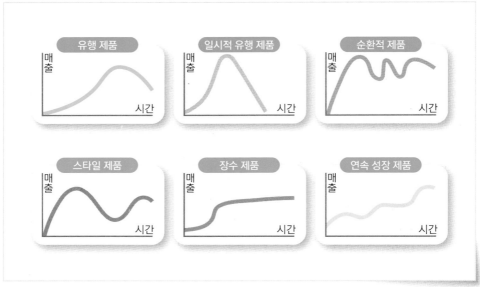

△ 그림 5-9 제품 유형별 제품수명주기

구분	도입기	성장기	성숙기	쇠퇴기
시장 특성	• 낮은 매출액 • 적자 • 소수의 경쟁자	• 급속한 매출액 증가 • 이익 증가 • 경쟁자 증가	• 매출액 극대 • 높은 이익 • 경쟁자 일부 감소	• 매출액 감소 • 이익 감소 • 경쟁자 감소
마케팅 목표	• 제품 인지 • 시용 창출	• 시장점유율 극대화	• 시장점유율 방어 • 이익 극대화	• 비용 절감 • 제품 철수

마케팅 전략	• 제품 인지도 향상
	• 시용 유도를 위해
	  판매 촉진 확대
		• 집중적 유통
		• 대량 소비자 대상
		  판매 촉진
			• 광범위한 유통
			• 브랜드 차별화를
			  위한 판매 촉진
				• 선택적 유통
				• 단계적 철수

△ 표 5-1   제품수명주기의 단계별 시장 특성과 마케팅 목표 및 전략[2]

꾸준히 매출이 증가하는 형태를 띤다. 연속 성장 제품은 시간의 경과에 따라 매출에 큰 부침이 없이 안정적으로 매출이 증가하는 형태를 띤다. 이러한 제품수명주기의 단계별 시장 특성과 마케팅 목표 및 전략을 정리한 것이 [표 5-1]이다.

7. 제품 의사 결정

1 제품믹스 관리

제품믹스product mix란 소비자의 욕구 또는 경쟁자의 활동 등 마케팅 환경 요인의 변화에 대응하기 위하여 기업이 시장에 제공하는 모든 제품 및 품목 일체를 말한다. 이는 제품계열product line과 제품품목product item의 집합을 말하는 것으로, 제품구색product assortment이라고도 한다. 제품계열product line은 기능, 고객, 유통경로, 가격 범위 등이 유사한 제품품목의 집단, 예를 들어 TV 계열, 세탁기 계열을 지칭하며, 제품품목product item은 규격, 가격, 외양 및 기타 속성이 다른 하나하나의 제품단위로 제품계열 내의 단위를 말한다. 이러한 제품믹스의 구조는 넓이width, 길이length, 깊이depth로 표현할 수 있다. 제품믹스 넓이width란 제품계열의 수를 말하며, 제품믹스 길이length는 각 제품계열의 구성 제품의 수를 말하며, 제품믹스 깊이depth는 특정 제품계열내의 각 제품이 제공하는 품목의 수를 말한다. [그림 5-10]은 CJ의 생활화학 사업부문의 제품믹스의 넓이, 길이 및 깊이를 예를 들어 정리한 것이다.

이러한 제품믹스를 관리하는데, 중요한 것은 제품계열 내의 제품품목 수를 적정하게 결정하는 것이다. 이는 제품의 수익성, 시장점유율, 매출 증대 가능성 등 다양한 요인들을 고려하여 결정하여야 한다. 대표적인 제품믹스 관리의 예로, 애플Apple과 삼성전자의 휴대폰 사업을 비교해 보면, 애플Apple의 경우, 스마트폰에 집중하여 최근에 중저가 아이폰 SE가 출시되기는 하였으나, 아이폰 단일 품목으로 새로운 버전으로 출시하는 형태로 제품믹스를 아주 간결하게 관리한다. 반면에 삼성전자는 스마트폰의 경우, 갤럭시S, 갤럭시A, 갤럭시E, 갤럭시Z, 갤럭시 노트 등 갤럭시 시리즈가 많을 뿐만 아니라, 폴더형 휴대폰도 생산하는 등 품목이 너무 많아 한때 휴대폰 종류가 120여 개에 이른 적이 있다. 삼성전자의 휴대폰 사업부문의 제품믹스 관리가 어려웠을 것임을 짐작할 수

2. Philip Kotler, Marketing Management, Prentice-Hall, Inc., 2001, p.172. 필립 코틀러는, Summary of Product Life Cycle Characteristics, Objectives, and Strategies를 도표로 정리하였는데, 이를 인용하여 재정리함

🔺 그림 5-10 CJ 제품믹스의 넓이, 길이 및 깊이

있고, 이는 애플Apple과의 스마트폰 사업 경쟁에서 열세를 보이는 하나의 요인으로 작용할 수도 있다.

2 제품계열 관리

앞서 제품믹스 관리를 설명하였는데, 그 연장선상에서 제품계열 관리도 필요하다. 제품계열product line 관리에는 길이확장전략과 넓이확장전략이 있다. 제품계열의 길이확장전략은 가격, 품질, 크기 등에 따라 현재 제공하는 제품계열에 다른 제품품목을 추가하는 것을 말한다. [그림 5-11]는 제품계열의 길이확장전략을 정리한 것이다. 제품계열의 길

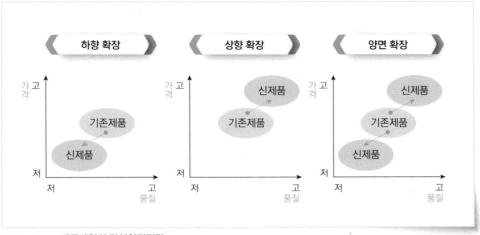

🔵 그림 5-11   제품계열의 길이확장전략

이확장전략에는 하향 확장과 상향 확장이 있는데, 하향 확장downward stretching이란, 기존 제품보다 가격 및 품질이 낮은 제품품목을 추가하는 것을 말한다. 보통의 경우, 고가 고품질시장을 지향하던 기업이 중저가 시장에 진출하는 형태로 나타나는데, BMW가 미니 쿠퍼 시리즈 출시가 대표적인 예이다. 상향 확장upward stretching은 하향 확장의 반대로, 기존 제품보다 가격 및 품질이 좋은 제품품목을 추가하는 것이다. 중저가 시장 지향의 기업이 고급 브랜드 시장에 진출하는 형태로 나타나는데, 현대자동차의 기존 소나타 및 그랜저에 더한 제네시스 시리즈 출시가 대표적인 예이다. 양면 확장two-way stretching은 하향 확장과 상향 확장을 동시에 추구하는 형태로, GAP의 경우, 청소년 계층을 타켓으로 한 Old Navy로 하향 확장을, 고소득 계층을 타켓으로 한 Banana Republic으로 상향 확장을 추구한 것이 대표적인 예이다. 제품계열의 넓이확장전략은 제품계열의 수를 확대할 것인지, 축소할 것인지, 아니면, 분할 및 통합할 것인지, 개선할 것인지를 결정하는 것을 말한다. 제품계열확대는 매출액, 시장점유율, 수익률 등을 고려하여 새로운 제품계열을 추가하는 것을 일컬으며, 제품계열축소는 수익성이 낮거나, 성장 가능성이 없는 제품계열을 제거하는 것을 말한다. 제품계열의 분할 및 통합은 특정 제품계열이 너무 많거나 적어져 효율적인 관리가 어려운 경우, 기존 제품계열을 나누거나 합치거나 하는 재편 형태를 말하며, 기존제품개선은 신제품을 개발하는 것보다 기존 제품의 포장이나 디자인 등을 변경함으로써, 새로운 제품의 포지셔닝을 확보하는 것을 일컫는다.

Chapter
06

브랜드 관리

 1. 브랜드 자산 관리

1 **베스트 글로벌 브랜드**

브랜드와 관련하여 최근에 가장 많이 언급되는 것이 베스트 글로벌 브랜드Best Global Brands이다. 이는 세계적인 브랜드 컨설팅 그룹인 인터브랜드Interbrand에서 매년 발표하는 세계 100대 브랜드 가치 순위를 지칭한다. 베스트 글로벌 브랜드는 미국 500대 기업의 CEOchief executive officer, 최고경영자 및 CFOchief financial officer, 최고재무책임자가 기업 운영 시 가장 많이 참고하는 순위 가운데 하나로 나타날 만큼 영향력 있는 브랜드 평가 순위이다. 인터브랜드는 1974년 설립, 본사는 뉴욕이고 전 세계 17개국에 24개 지사를 두고 있는 세계 최대 규모의 브랜드 컨설팅 회사이다. 인터브랜드 코리아도 1994년 설립되었다. 인터브랜드의 베스트 글로벌 브랜드의 평가 기준은, 브랜드의 시장 리더십브랜드 점유율, 브랜드의 안정성장기적 생존 가능성, 시장의 안정성 및 성장률, 지리적 확산국제적 매력도, 시대 감각을 잃지 않고 관련성을 유지하는 능력추세, 브랜드 지지소비자들의 지속적인 지지 정도, 브랜드 보호법적인 보호 강도 등 7개로 알려져 있다. 우선, 2018년 및 2019년 베스트 글로벌 브랜드는 [그림 6-1]과 [그림 6-2]와 같다. 2018년 베스트 글로벌 브랜드에서 1위는 애플Apple, 2위는 구글Google이었으며, 삼성은 6위, 현대는 36위, 기아는 71위였다. 브랜드 가치는 애플Apple 2,144억 달러, 구글Google 1,555억 달러, 삼성 598억 달러, 현대 135억 달러, 기아 69억 달러였다. 애플Apple과 삼성의 브랜드 가치 금액의 차이는 1,546억 달러, 약 3.6배 차이가 있었다. 2019년 베스트 글로벌 브랜드에서는 1위 애플Apple, 2위 구글Google, 6위 삼성으로 2018년 순위와 변동이 없었다. 현대도 36위로 변동이 없었으나, 기아는 78위로 2018년보다 7단계 순위가 하락한 것을 볼 수 있다. 2019년 베스트 글로벌 브랜드의 상위 10위 기업만 따로 표시한 것이 [그림 6-3]이다.

2019년 베스트 글로벌 브랜드에서 주목할 것은 애플Apple과 삼성의 브랜드 가치이다. 애플Apple의 브랜드 가치는 2,342억 달러, 삼성은 610억 달러로, 브랜드 가치 금액의 차이는 1,732억 달러, 약 3.9배 차이가 난다. 즉, 2018년 대비 브랜드 가치 금액의 차이도 커지고 배수의 차이도 커졌다. 그럼 애플Apple과 삼성의 브랜드 가치가 어떻게 해서 이

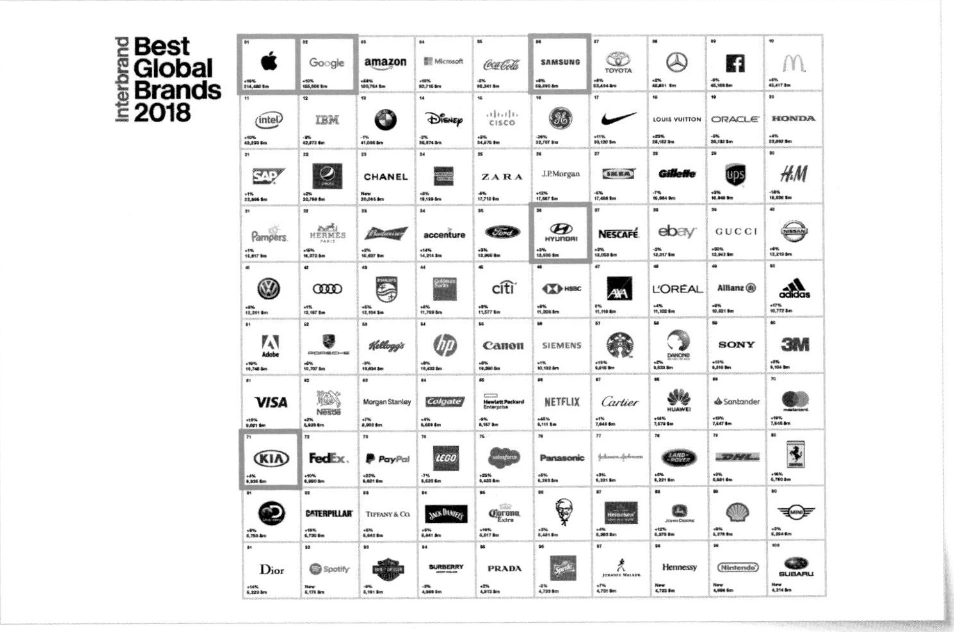

◆ 그림 6-1　베스트 글로벌 브랜드(Best Global Brands) 2018　　　　• 출처; Interbrand 홈페이지

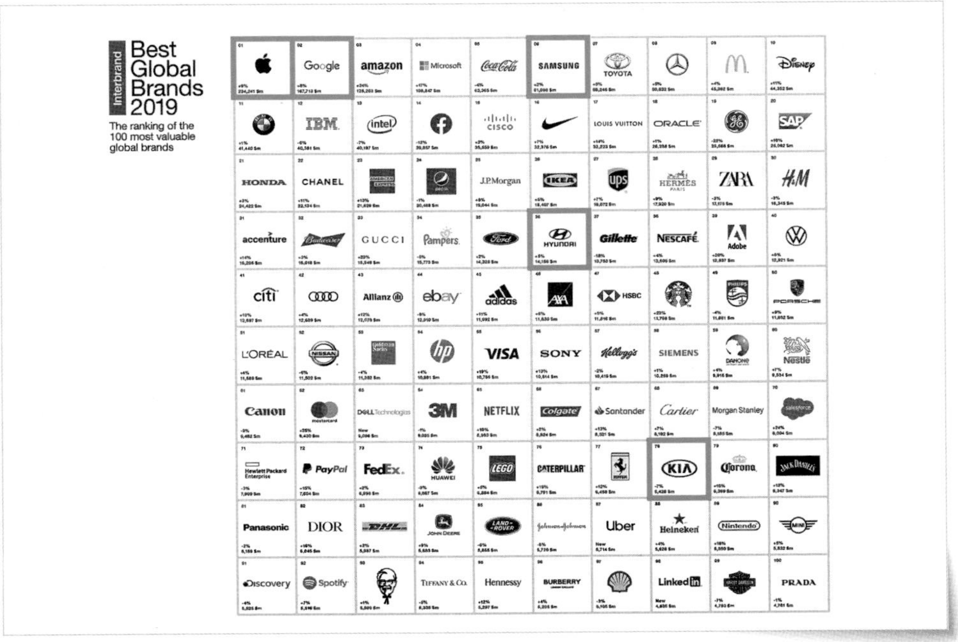

◆ 그림 6-2　베스트 글로벌 브랜드(Best Global Brands) 2019　　　　• 출처; Interbrand 홈페이지

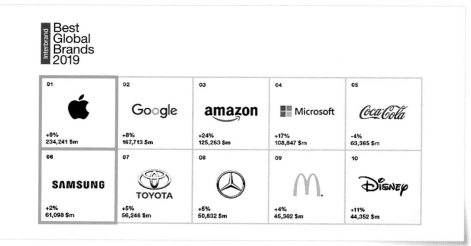

🔺 그림 6-3   2019년 베스트 글로벌 브랜드(Best Global Brands) Top 10   • 출처; Interbrand 홈페이지

구분		애플(Apple)	삼성전자
구조	해외운영 대상국수	-	9개 지역 총괄 270개 해외종속기업
	소유권	해외 주식거래 가능	해외 DR 발행
	최고경영자 국적	팀쿡(미국)	김기남(한국)
성과척도*	매출액(2018년)	$2,655억	243조원
	순이익(2018년)	$595억	44조원
	자산(2018년)	$3,657억	339조원
	종업원수	132,000명('18년 9월)	103,011명('18년 12월)
경영행태적 특성		최고경영자의 해외 관심, 범세계적 운영	좌동
경영전략 및 운영		일원적 관리 운영	좌동
해외 및 신사업확장		해외업체 M&A 진행	좌동
경영체제		2개국이상, 다양한 글로벌 경영	좌동

🔺 표 6-1   애플(Apple) 대 삼성전자[1]   * 출처; Apple Annual Report 2019, 삼성전자 2018년 사업보고서

렇게 많이 차이가 나는가에 하는 의문이 든다. [표 6-1]는 애플Apple과 삼성전자를 비교 정리한 것이다. [표 6-1]에서 알 수 있는 바와 같이, 애플Apple 및 삼성전자 양사의 구조, 성과 척도, 경영형태적 특성, 경영전략 및 운영, 해외 및 신사업확장, 경영체계 등에서 거의 차이가 없다. 그런데도 브랜드 가치는 거의 4배 차이가 난다. 즉, 브랜드는 기업의 물리적 구조나 재무적 성과, 경영행태, 경영전략 등을 넘어서는 보이지 않는 영향력을 의미한다는 것을 시사한다.

2 브랜드의 의미

브랜드brand에 대한 정의는 다양하다. 먼저, 미국마케팅협회American Marketing Association, AMA는 브랜드를 판매자 개인이나 단체가 제품과 서비스를 특징짓고, 이것을 경쟁자의 제품과 서비스로부터 차별화시킬 목적으로 만들어진 이름, 어구, 표시, 심벌, 디자인 또는 이들의 조합이라고 정의한다. 우리나라 상표법상의 브랜드는 자사 제품을 경쟁사의 것과 구별하는 문자, 기호, 도형 또는 그 결합으로 정의한다. 이러한 브랜드의 정의와 별도로 브랜드는 협의의 브랜드와 광의의 브랜드로 구별할 수 있는데, 협의의 브랜드는 단순히 상표나 표시를 의미하는 것이고, 광의의 브랜드는 제품과 서비스를 식별하는 것으로, 명칭, 기호, 디자인 등을 총칭하며 총괄적인 이미지와 경험을 중시한다. 이러한 브랜드도 다양한 구성 요소로 이루어져 있다. 먼저, 브랜드 네임brand name 이다. 이는 브랜드를 식별하는 문자, 단어, 숫자 등을 말하는 것으로, 대표적인 예로 삼성전자 스마트폰의 갤럭시Galaxy, 미국 치킨 체인 상표인 KFCKentucky Fried Chicken 등이 있다. 또한, 로고logo와 심벌symbol도 있다. 로고logo는 이름을 시각적으로 디자인한 것으로 독특한 글자 형태를 말하며, 삼성전자의 SAMSUNG, 코카콜라의 Coca Cola 등을 예로 들 수 있다. 심벌symbol은 원래 의미는 복잡한 것을 단순하게 전달하기 위한 의사 전달 방법으로, 특정 브랜드를 나타내는 종합적인 상징체계를 말한다. 대표적인 예가, 맥도날드의 심벌인 노란 아치가 있다. 캐릭터character는 특정 상표에 개성을 부여하고, 친밀하고 긍정적인 느

---

1. 김기홍, 한수범, 국제경영학, 대왕사, 2010년, p.20-23. 김기홍 등은, 다국적 기업의 개념적 구조를, 구조적 기준, 성과 척도, 행동적 특성으로 구분하고 있는데, 이를 인용하여 설명함

낌을 갖도록 만든 가공의 인물이나 동물 등 시각적 상징물을 말하는데, 대표적인 예가 카카오의 캐릭터 라이언Ryan이다. 슬로건slogan과 징글jingle도 있다. 슬로건slogan은 제품의 독특한 특성이나 핵심 정보를 전달하기 위한 짧은 문장으로, 대표적인 예가 나이키의 'Just Do It'이다. 징글jingle은 브랜드를 연상하게 만들기 위한 짧은 멜로디나 효과음악을 지칭하는 것으로, 기업들이 광고 시 사용하는 CM 송의 후렴구가 이에 해당한다. 패키지package도 구성 요소의 하나인데, 이는 심미성과 기능성을 고려하여 제품의 용기나 포장을 디자인하고 제작하는 것을 말한다. 타이포typo와 컬러color도 있다. 타이포typo는 서체를 말하는데, 브랜드의 일관된 이미지와 정체성을 형성하는 데 도움이 된다. 대표적인 예가 국산 소주 '처음처럼'의 서체로, 고 신영복 성공회대 사회학부 교수의 서예작품 및 서체를 채용한 것이다. 컬러color는 브랜드의 첫인상이나 호감을 결정하는 중요한 요소로, 삼성의 '삼성 블루blue', 코카콜라의 '레드red'등이 대표적인 예이다. 마지막으로 등록 상표registered trademark이다. 이는 상표의 독점 사용이나 상표를 보호하기 위하여 특허청에 등록한 것을 말하는데, TM이라고도 하며, ®을 붙이기도 한다. 이러한 브랜드는 기업의 입장에서뿐만 아니라, 소비자의 입장에서도 중요하다. 소비자의 입장에서의 브랜드의 이점은 우선, 특정 브랜드에 대한 지식은 제품 탐색 비용을 절감해 주며 특정 브랜드가 일관된 효용 가치를 제공해 준다는 신뢰감을 부여해 준다. 또한, 브랜드는 문제 발생 시에 책임 소재를 분명히 해 주고, 차별적 브랜드로 자기 이미지self-image를 표현해 준다. 아울러, 브랜드는 제품 선택의 위험도를 감소시킨다. 즉, 특정 브랜드는 제품의 성능이 기대에 미치지 못할 가능성을 의미하는 기능적 위험functional risk, 신체나 건강에 위협을 줄 가능성이 있는 신체적 위험physical risk, 가격만큼 가치가 없을 가능성인 재무적 위험financial risk, 제품이 자신의 이미지와 어울리지 않을 가능성인 심리적 위험psychological risk, 제품을 구입한 후 자신에 대한 타인의 평가를 걱정하는 사회적 위험social risk 등의 다양한 위험을 감소시키는 역할을 한다[2]. 기업의 입장에서도 브랜드는 많은 장점이 있다. 먼저, 제품 관리 과정이 단순화해진다. 또한, 제품 특성에 대한 법적 권리를 부여하는 지적 재산권 확보가 가능하게 된다. 아울러, 브랜드 이미지의 차별화를 통하여 높은 가격을 책정하여 높은 수익성을 실현할 수 있고, 소비자의 자사 제품에 대한 브랜드 충성도를 확보하여 경쟁사와의 경쟁에서 우위를 확보할 수 있다.

3 브랜드 자산의 의미

브랜드 자산brand equity이란, 브랜드와 관련된 자산들과 회사나 고객의 부가적 가치를 상징하는 브랜드 네임과 심벌에 대하여 재화와 용역으로 제공하는 자산의 합을 말한다[3]. 다시 말해서, 브랜드 부착으로 브랜드가 없을 때보다 더 높은 매출액과 더 많은 이익을 실현할 수 있는데 이러한 가치 증가분을 말하는 것으로, 어떤 제품의 가치에 브랜드가 가져다주는 추가적인 가치라고 할 수 있다. 이러한 브랜드 가치는 다시 재무적 관점의 브랜드 가치와 마케팅 관점의 브랜드 가치로 나눌 수 있는데, 재무적 관점의 브랜드 가치는 브랜드가 없을 때보다, 브랜드를 부착했을 때 얻어지는 추가적인 가치의 현금 증가분을 말하며, 마케팅 관점의 브랜드 가치는 소비자의 브랜드에 대한 호감의 증가로 브랜드 부착 제품의 가치가 증가한 부분을 말한다. 이러한 브랜드 자산은 다양한 구성 요소로 이루어져 있다. 대표적인 브랜드 자산의 구성 요소 분류는 데이비드 아커David A. Arker의 브랜드 자산 모형으로, [그림 6-4]는 이를 정리한 것이다[4].

데이비드 아커는 소비자의 관점을 기반으로 브랜드 자산의 구성 요소를 분류했다. 먼저, 브랜드 로얄티brand loyalty이다. 고객이 오랫동안 가지고 있는 브랜드에 대한 애착 정도를 말하며, 브랜드 충성도라고도 한다. 브랜드 인지도brand awareness는 소비자들이 제품의 카테고리와 특정 브랜드를 연관시키는 정도를 말한다. 지각된 품질perceived quality은 특정 제품이 소비자의 기대를 지속적으로 만족시키는가 하는 신뢰성의 정도를 말한다. 브랜드 연상 이미지brand association image는 브랜드와 관련된 모든 연상을 집합적으로 지칭한다. 기타 독점적인 브랜드 자산은 경쟁사와 차별화하는 경쟁 우위 요소로 특허, 등록 상표 등을 일컫는다. 또 다른 브랜드 자산의 구성 요소 분류로는 케빈 켈러Kevin L. Keller의 분류가 있다. [그림 6-5]는 케빈 켈러의 브랜드 구성 요소 분류를 정리한 것이다. 케빈

---

2. 케빈 레인 켈러, 브랜드 매니지먼트, 비즈니스북스, 2010년, p.47. 케빈 켈러는, 소비자의 위험을 기능적 위험, 신체적 위험, 재무적 위험, 사회적 위험, 심리적 위험, 시간적 위험으로 구분하여 설명함
3. 데이비드 아커, 데이비드 아커의 브랜드 경영, 비즈니스북스, 2003년, p.31. 데이비드 아커는, 브랜드 자산을 이와 같이 정의하고, 브랜드 자산의 주요 구성 영역으로, 브랜드 인지도, 브랜드 로얄티, 지각된 품질, 브랜드 연상 이미지를 제시함
4. 데이비드 아커, 데이비드 아커의 브랜드 경영, 비즈니스북스, 2003년, p.33. 데이비드 아커는, 브랜드 자산의 모형을 이와 같은 표로 정리하여 설명함

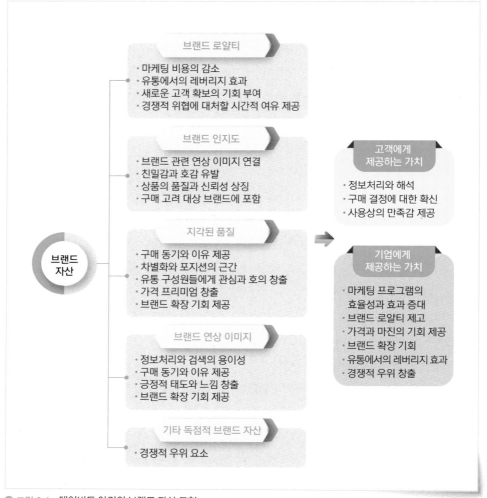

⬤ 그림 6-4   데이비드 아커의 브랜드 자산 모형

켈러는 브랜드 지식brand knowledge이 브랜드 자산을 만들어 내는 주요 요인으로 간주하고 있는데, 브랜드 지식brand knowledge이란, 소비자의 기억 속에 존재하는 다양한 지식이나 브랜드에 대한 정보들의 집합을 말한다. 또한, 그는 브랜드 지식을 브랜드 인지도brand awareness와 브랜드 이미지brand image의 관점에서 설명하고 있다. 브랜드 인지도는 다시 브랜드 재인brand recognition과 브랜드 회상brand recall으로 나누고, 브랜드 이미지는 브랜드 연상 호감도, 브랜드 연상 강도, 브랜드 연상 독특성으로 구분하여 설명하고 있다[5].

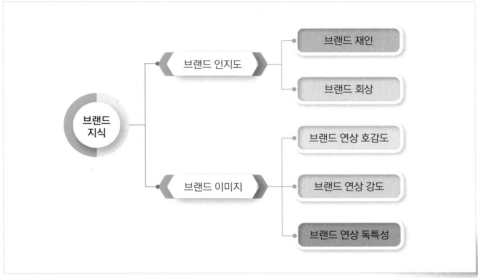

△ 그림 6-5 케빈 켈러의 브랜드 자산 구성 요소

필립 코틀러Philip Kotler 역시 브랜드 자산의 원동력으로, 품질 인식도, 브랜드 네임, 브랜드 연상, 브랜드 충성도를 들고 있다[6]. 케빈 켈러의 브랜드 자산의 구성 요소도 앞서 설명한 데이비드 아커의 브랜드 자산 모형과 큰 차이는 없으며, 필립 코틀러의 브랜드 자산의 원동력도 표현과 의미가 중복되거나 유사하다. 따라서, 이를 전부 통합하여 브랜드 자산 관리를 설명하도록 하겠다.

4 브랜드 자산 관리

브랜드 자산 관리를 크게, 브랜드 인지도 관리, 브랜드 이미지 관리, 브랜드 로얄티 관리, 지각된 품질 관리로 나누어 설명하겠다. 먼저, 브랜드 인지도 관리이다. 브랜드 인지도brand awareness란 어떤 제품범주에 속한 특정 브랜드를 재인하거나 회상하는 능력을

---

5. 케빈 레인 켈러, 브랜드 매니지먼트, 비즈니스북스, 2010년, p.100-116. 케빈 켈러는, 브랜드를 강하게 만들기를 위해 브랜드 지식을 제시하고 이를 근거로 브랜드 인지도 및 브랜드 이미지를 설명함
6. 필립 코틀러, 발데마 피르치, B2B 브랜드 마케팅, 비즈니스맵, 2007년, p.119. 필립 코틀러 등은, 브랜드 자산의 원동력으로, 품질 인식도, 브랜드 네임, 브랜드 연상, 브랜드 충성도를 제시함

말하는데, 브랜드 재인brand recognition은 소비자가 특정 브랜드를 보았거나 들어본 적이 있는지 여부를 말하며, 브랜드 회상brand recall은 제품의 범주, 구매 상황, 사용 상황 등 제공하였을 때 소비자가 특정 브랜드를 떠올리는 것을 말한다. 예를 들어, 사이다라고 하면 '칠성 사이다'를, 스마트폰하면 '아이폰'이나 '갤럭시'를 떠올리는 것을 말한다. 브랜드 인지도는 소비자들에게 제품에 대한 친숙성과 친밀성을 느끼게 하고 제품 구매로 연결하는 효과가 있다. 브랜드 인지도를 높이기 위해서는 반복 노출로 브랜드에 대한 친밀감을 향상시키는 것이 필요한데, 광고에서 독특한 소리나 슬로건, 로고송 등 청각적 정보를 활용하거나, 심벌 등 시각적 정보를 활용하는 방법이 있다. 다음은 브랜드 이미지 관리이다. 브랜드 이미지brand image란, 브랜드의 특성, 이름, 심벌, 포장, 서비스 등에 대해 소비자의 마음속에 생성된 전반적 인상으로, 특정 브랜드에 대해 형성된 브랜드 연상의 집합체라고 할 수 있다. 브랜드 연상brand association은 브랜드와 관련하여 소비자가 떠올리는 모든 생각의 집합으로, 브랜드 자산을 구축하기 위해서는 강력하고 호의적이며 다른 브랜드와 차별화되는 독특한 브랜드 연상이 필요하다. 브랜드 연상에는 호감도, 강도 및 독특성이 중요시되는데, 브랜드 연상의 호감도favorability란, 브랜드가 소비자의 필요와 욕구를 충족시켜 브랜드에 대한 소비자의 긍정적인 태도를 이끌어내는 것을 말하는데, 이는 일차적으로 제품의 내재적 요인에 의해 결정되지만 사용자 또는 사용 상황과 관련된 비제품 관련 요인에 의해서도 결정된다. 브랜드 연상의 강도strongness는 브랜드와 관련된 정보 간에 형성된 연결 강도를 의미하는 것으로, 연상의 강도가 강하다는 것은 특정 브랜드와 관련된 연상이 즉각적으로 떠오르는 것을 말한다. 마지막으로 브랜드 연상의 독특성uniqueness이란, 다른 브랜드와 차별화되는 포지셔닝positioning으로 소비자가 자사 브랜드를 선택할 수밖에 없는 분명한 이유를 제공하는 것을 말한다. 이러한 브랜드 연상이 강력하고 호의적이며 독특하기 위해서는 우선, 반복 노출 메시지로 브랜드에 대한 메시지를 소비자들이 장기간 기억할 수 있도록 해야 한다. 또한, 소비자 필요와 욕구를 충족시키는 자사 브랜드의 제품 속성을 부각하고, 경쟁 브랜드가 무시하거나 소홀히 다루었던 제품 속성을 발견하여 자사 브랜드의 차별적 특성으로 전환하여야 한다. 아울러, 자사 브랜드만의 차별적인 브랜드 개성brand personality도 만들 수 있어야 한다. 브랜드 개성brand personality이란 특정 브랜드가 마치 살아 있는 대상인 것처럼

인간적인 특성을 부여하는 것을 말한다. 그리고, 자사 브랜드의 이미지와 잘 부합되는 특정 제품 사용자와의 연계도 고려하여야 한다. 나아가서는 기업과 관련된 연상으로, 기업 문화, 사회적 책임, 혁신성, 일류 기업, 최고 품질 등을 통해 호의적인 기업의 이미지 구축에도 노력하여야 할 것이다. 다음은 브랜드 로얄티 관리이다. 브랜드 로얄티brand loyalty란 앞에서도 잠시 설명하였지만, 특정 브랜드에 대한 애착 정도로, 특정 브랜드를 지속적으로 선호하고 만족하고 반복적으로 구입 및 사용하는 행동을 말한다. 이는 브랜드 자산의 결과이자 원천이며, 브랜드 관리 활동의 최종 목표이기도 하다. 이러한 브랜드 로얄티는 특정 브랜드를 기존 고객이 향후 반복 구매 의도가 있는지, 주변 사람들에게 구매 추천 의향이 있는지 등으로 측정할 수 있다. 마지막으로, 지각된 품질 관리이다. 지각된 품질perceived quality이란, 제품 사용 과정에서 제품에 대해 지각한 소비자가 가지게 된 특별한 형태의 브랜드 연상으로, 제품의 전반적인 우수성에 대한 소비자의 주관적 판단을 말한다. 지각된 품질은 구매 이유, 차별화, 가격 프리미엄, 유통구성원의 이해관계, 브랜드 확장 등의 가치를 만들어낸다.

2. 브랜드 의사결정

1 브랜드 의사결정의 의의

산업 내 기술 수준이 평준화되고 경쟁 브랜드 간 기능적 차별화가 어려워지고 있는 현재와 같은 초경쟁시대에는, 브랜드 이미지 차별화를 통한 브랜드 자산 가치 증대로 경쟁력을 확보하는 것이 절실히 요구된다. 하버드대 문영미 교수는 자신의 저서 〈디퍼런트Different〉에서 카테고리가 성숙할수록 제품이 이종에서 동종으로 진화하고, 브랜드의 비슷한 성능이나 스펙으로 인하여 브랜드 간 차이를 인지하기가 어려워진다고 지적했다. 따라서, 강력한 브랜드는 브랜드 이미지의 차별화뿐 아니라 제품 가치를 향상시키게 되고, 이것이 소비자들의 잠재적 구매 가능성 증가로 이어져 지속적인 매출 증가 및

🔺 그림 6-6 브랜드 의사결정 과정

수익 증가를 기대할 수 있게 된다. 또한, 효과적 브랜드 의사결정 과정을 통해, 마케팅 비용을 절감하고 소비자의 브랜드 충성도도 향상시킬 수 있다. 이것이 효과적인 브랜드 의사결정이 필요한 이유이다.

2 브랜드 의사결정 과정

브랜드 의사결정 과정을 정리한 것이 [그림 6-6]이다.

브랜드 의사결정의 첫 번째 단계는 브랜드 부착 여부를 결정하는 것이다. 모든 제품에 브랜드를 부착하는 것은 아니며, 브랜드 부착 여부는 시장 상황, 구매자 욕구 등을 감안하여 결정하는 것이다. 브랜드 부착과 관련하여, 제네릭 브랜드generic brand란 브랜드가 없는 제품을 말하는 것으로, No brand라고도 한다. 이는 휴지, 설탕, 생수 등과 같은 생필품에 많이 적용되는데, 차별화할만한 특징이 없거나 미약한 제품에 대하여 많이 활용한다. 여기서 주의할 것은 신세계 이마트의 No Brand이다. No Brand는 2015년부터 이마트가 사용하기 시작한 이마트 자체 고유의 브랜드이다. 하지만, 브랜드 부착 장점 때문에 제네릭 브랜드는 줄어드는 추세에 있다. 브랜드 부착에는 많은 장점이 있다. 우선, 구매자 입장에서는 제품 식별이 가능하여 구매에 도움이 되고 구매 결과에 대한 불안감을 감소시킬 수 있다. 판매자 입장에서는 차별적인 이미지 구축을 통해 판매 촉진 활동이 쉬워지고 제품 품질에 대한 신뢰 및 가치를 증가시킬 수 있다. 하지만, 브랜드 부착에는 단점도 있다. 일정 수준의 품질을 유지하여야 하는 책임감이 증가하고, 브랜드 개발비나 브랜드 촉진비와 같은 브랜드 관리 비용이 많이 든다는 것이다. 두 번째 단계는 브랜드 네임 선정이다. 바람직한 브랜드 네임을 선정하여야 한다는 것은 너무도 당연한 얘기지만, 바람직한 브랜드 네임을 선정할 때 고려하여야 하는 요소들이 있다. 우선, 제품의 편익이나 기능 등 특성을 잘 표현할 수 있어야 한다. 또한, 발음이 쉽고 기억하기 쉬워야 하며, 특히 외국어로 표현 시에는 긍정적 이미지를 가져야 합니다. 예를 들어, 맥주 Cass의 경우, 발음이 유사한 단어cuss, 욕하다, 음료인 쿨피스는 영어 단어 표현cool piss, piss는 오줌 누다에 주의하여야 한다. 그리고, 흥미를 유발할 수 있고 강한 인상을 주어야 하며 법적 문제가 없고 등록할 수 있어야 한다. 세 번째 단계는 브랜드 결정 주체이다. 브랜드의 결정 주체로는 크게 제조업체와 유통업체가 있다. 제조업체 브랜드manufacturers' brand는 말 그대로 제조업체가 부착하는 브랜드로, NBnational brand라고도 한다. 제조업체가 상대적 유리한 지위를 갖거나 자금이 풍부하고 시장에 대한 적응 능력이 뛰어난 경우에 채택할 수 있다. 삼성, 애플Apple, 나이키Nike 등의 상품은 제조업체 브랜드인 경우가 대부분이다. 유통업체 브랜드distributors' brand는 특정 유통업체에서만 판매하는 브랜드로, 브랜드의 개발 및 관리도 유통업체가 담당하는 것을 말한다. PBprivate brand라고도 하며, 일반적으로 제조업체 브랜드보다 가격이 저렴하고 고정 고객을 확보할 수 있어 높은 이익 실현이 가능하다. 하지만, 유통업체의 브랜드 개발 및 촉진 비용이 증가하고, 제조업체의 견제 및 시장 주도권 확보를 위한 경쟁이 발생할 가능성이 있다. 앞서 설명한 이마트의 No Brand가 대표적인 유통업체 브랜드이다. 네 번째 단계는 브랜드 범위 결정이다. 브랜드 범위 결정은 개별 브랜드로 하느냐, 공동 브랜드로 하느냐, 결합 브랜드로 하느냐의 문제이다. 우선, 개별 브랜드individual brand는 제품별 각각 다른 브랜드를 부착하는 것이다. 이는 브랜드별 차별적 이미지 구축에는 유리하지만, 비용이 많이 드는 단점이 있다. 공동 브랜드family brand는 각 개별제품에 동일 브랜드를 적용하는 것이다. 이는 제품들 간 공통된 연상으로 시너지 효과를 기대할 수 있고, 기존 브랜드의 명성과 이미지를 그대로 활용하기 때문에 제품 수용 속도가 빠르고 마케팅 비용을 절감할 수 있다. 하지만, 특정 제품에 문제가 발생했을 경우, 다른 제품에도 부정적 영향을 끼칠 위험성이 있다. 결합 브랜드co-brand는 두 개 이상 브랜드를 하나의 공동 제품으로 결합하거나 특정 형태로 공동 마케팅을 하는 경우 활용하는 방법이다. 예를 들면, 르노자동차와 삼성의 브랜드를 결합한 르노삼성자동차, 신세계와 시티은행 브랜드가 결합한

그림 6-7 롯데 카페의 브랜드 리뉴얼

신세계시티카드 등이 있다. 이는 브랜드 간 결합을 통하여 브랜드 파워를 강화하고 독특한 차별성을 부각할 수 있다. 마지막으로 브랜드 관리이다. 브랜드 관리를 위한 방안은 다양하지만, 여기서는 브랜드 리뉴얼과 브랜드 재포지셔닝에 대하여 설명하도록 하겠다. 브랜드 리뉴얼brand renewal이란 브랜드 네임의 변경을 포함하여, 브랜드 로고, 슬로건 등 브랜드의 구성 요소 중 하나 이상을 수정, 변경함으로써 진부화된 브랜드 이미지를 개선하거나 새로운 이미지를 부가적으로 만들어 내는 것을 말한다. [그림 6-7]은 롯데 카페의 브랜드 리뉴얼 사례이다. 브랜드 재포지셔닝brand repositioning은 기존 브랜드가 경쟁력을 상실한 경우, 브랜드 재활성화 방안으로 기업이 원하는 방향으로 브랜드 포지션을 재구축하는 것을 말한다. 대표적인 사례로 리스테린Listerine을 들 수 있다. 리스테린Listerine은 원래 19세기에 발명된 강력한 외과 수술용 소독제였는데, 이후 희석된 형태로 바닥 세척제와 임질 치료제로 이용되었다. 하지만, 이 제품이 진정으로 인기를 누리게 된 것은, 1920년대 구취입 냄새 해결사로 재포지셔닝하고 시판하면서부터이다. 그 때까지 입 냄새를 심각하게 여기지 않았던 사람들의 사회적 통념을 바꾸었던 것으로, 리스테린은 구강 세척제를 만든 것이 아니라 '입냄새'라는 개념을 만들었던 것이다. 하지만, 구강 청정제의 선두주자인 리스테린은 그 향이 독특하여 사람들이 입에 넣기를 꺼리자, '당신이 싫어하는 맛, 하루 두 차례'라는 광고로 독특한 향을 인정하고 오히려 몸에 좋다는 식으로 다시 재포지셔닝하고 소비자에게 다가가 성공했다.

디지털 사회의
마케팅

Chapter

07

가격 관리

 1. 가격에 대한 이해

1 가격의 정의

가격price이란, 제품 또는 서비스를 소유 또는 사용하기 위하여 소비자가 지불하는 모든 가치의 합을 말한다. 이러한 가격은 경제학 관점에서는 독점, 과점, 완전경쟁 등과 같은 시장구조에 의해 결정되고, 제품이나 서비스의 실제 가치를 반영한다고 가정하고 있다. 마케팅 관점에서는 시장구조 외, 시장의 세분화 정도, 제품 포지셔닝, 마케팅 믹스 등 다양한 요인에 의해 영향을 받으며, 특히 제품 가치가 가격만이 아닌 마케팅 믹스에 의해서도 영향을 받는다고 가정하고 있다. 가격은 가격을 결정하는 주체에 따라 분류할 수 있다. 먼저, 판매자 가격seller's price은 판매자가 가격을 결정하고 구매자는 그 가격에 제품을 구매할지 말지 여부만을 결정한다는 것이다. 일반적 경우의 가격으로, 이에는 다시 출고가격과 소매가격이 있다. 출고가격은 제조업자가 도소매업자에게 판매하는 가격을 말하며, 소매가격은 최종 구매자가 제품을 사는 가격을 말한다. 판매자 가격의 반대인 구매자 가격buyer's price은 구매자가 가격을 결정하는 것을 말한다. 판매자는 그 가격에 제품을 공급할지 말지 여부만을 결정하는 것이다. 앞서 말한 바와 같이 판매자 가격이 일반적이지만, 구매자 파워가 강한 경우, 예를 들어, 애플Apple이 반도체를 대량으로 구매하는 경우, 이 가격이 적용되기도 한다. 애플Apple의 경우, 반도체 구매 단위가 수억 달러 단위이므로, 경우에 따라서 구매자인 애플Apple이 제시한 가격에 반도체를 공급하는 경우도 있다. 가격 결정과 관련된 개념으로 수요의 법칙law of demand이란 것이 있다. 이는 경제학에서 다루는 분야인데, 가격이 상승하면 수요량이 감소하고, 반대로 가격이 하락하면 수요량이 증가한다는 것으로, 가격과 수요량의 역학 관계를 표현한 것이다. 이러한 수요의 법칙에 따라 판매가 부진한 경우, 가격을 내려서 판매수요를 증가시키고자 하는 마케팅 활동이 이루어지는 것이다. [그림 7-1]은 수요의 법칙을 정리한 것이다.

[그림 7-1]에서 수요량의 변동은 앞에서 설명한 수요의 법칙, 즉 가격이 상승하면 수요량이 감소하고, 반대로 가격이 하락하면 수요량이 증가한다는 것이다. 이는 가격이 변동하면 수요량이 변동한다는 의미로 수요 곡선상의 점의 이동이 일어난다. 수요의 변

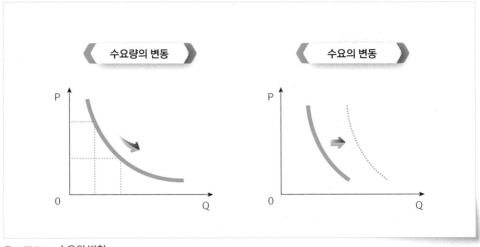

△ 그림 7-1   수요의 법칙

동은 가격이 일정하더라도 소비자의 소득 수준이나 기호가 변하는 경우, 또는 대체할 수 있는 재화나 보완 관계에 있는 재화의 가격이 변하는 경우에 수요량은 변할 수 있다. 이는 수요 곡선 자체가 이동하는 형태가 된다. 예를 들면, 자동차 가격이 일정 수준을 유지하는데 소비자의 소득 증가로 자동차 구매량이 증가하는 경우이다. 또한, 수요의 가격 탄력성price elasticity of demand이란 개념도 있는데, 이는 가격 변동에 따라 수요량이 얼마나 변동하는가를 나타내는 것이다. 수요의 가격 탄력성이 높을수록 가격 변동에 따라 수요가 민감하게 움직인다는 것이다. 먼저 완전탄력적이라는 것은 가격이 변하지 않아도 수요가 무한대로 증가하거나 감소하는 것이다. 이론적으로만 전제하는 상황이라 할 수 있다. 탄력적이라는 것은 가격 변동률에 비해 수요량 변동률이 크다는 것이다. 즉, 가격이 조금만 변동되어도 수요가 많이 변동된다는 것이다. 마케팅 활동에서 가격을 내려 수요판매를 증가시킨다는 것은 이러한 수요의 탄력적 성격을 활용한 예이다. 단위탄력적이라는 것은, 가격 변동률과 수요량 변동률이 같다는 것으로, 가격이 변동된 만큼만 수요가 변동된다고 보는 것이다. 비탄력적이라는 것은 가격 변동률이 수요량 변동률보다 크다는 것으로, 가격이 많이 변동되어도 수요는 크게 바뀌지 않는다는 것이다. 대표적인 예가 쌀, 밀가루, 비누 등 생필품이 이에 해당하는데, 이러한 제품들은 가격이 많이 변하여도 없어서는 생활하기 어려운 제품들이다. 완전비탄력적이라는 것은

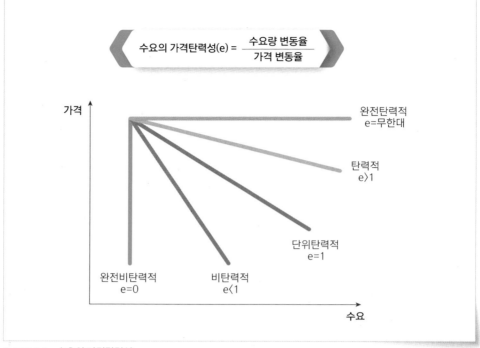

$$수요의 \ 가격탄력성(e) = \frac{수요량 \ 변동율}{가격 \ 변동율}$$

완전탄력적
e=무한대

탄력적
e〉1

단위탄력적
e=1

완전비탄력적
e=0

비탄력적
e〈1

가격

수요

● 그림 7-2   수요의 가격탄력성

가격이 변하더라도 수요는 전혀 변하지 않는 것이다. [그림 7-2]는 수요의 가격탄력성을 정리한 것이다.

가격을 수식으로 표현할 수 있는데, 이는 가격은 기업의 이익을 결정하는 요소라는 전제를 바탕으로, 이익을 가격, 판매량 및 비용의 함수로 표시한 것이다. 총이익 = 총수익 - 총비용 = (가격 × 판매량) - 총비용으로 표현하는 것이다. 하지만, 앞서 설명한 수요의 법칙의 예외도 많이 있다. 이는 주로 소비자의 심리적 요인에 기인한 것으로 먼저, 편승효과라는 것이 있다. 이는 밴드웨건 효과bandwagon effect라고도 하는데, 주변 사람들이 특정 제품을 구매하는 경우 그 제품을 따라 구매하는 것을 말한다. 흔히 볼 수 있는 현상으로, 대표적인 예가 고교생들의 겨울 패딩 구매 사례로 친구들이 사는 특정 브랜드의 패딩을 너도 나도 샀던 예가 최근에 있었다. 또한, 스납효과snob effect라는 것이 있는데, 이를 속물효과라고도 한다. 특정 제품의 소비가 증가하는 경우, 반대로 그 제품의 수요가 감소하는 현상이다. 이는 소비자들의 희소성 또는 차별화 추구로 다른 제품을 구매하는 것을 말한다. 베블렌 효과_{veblen effect}도 있다. 이는 과시효과라고도 하는데, 가격이 상승하는 경우 오히려 수요가 증가하는 현상을 말한다. 〈히든 챔피언〉의 저자인 헤르만 지몬은 이를 가격의 품격효과_{prestige effect}라고 설명한다[1]. 이는 소비자들의 과시적 욕구가 나타난 것으로, 대표적인 예로 최근 모 명품 브랜드 핸드백의 가격을 인상하였는데, 오히려 구매자들이 새벽부터 핸드백을 구매하고자 백화점 앞에서 장사진을 친 사례가 있다. 다음은 전시효과_{demonstration effect}로 시위효과라고도 한다. 이는 개인의 소비가 자신의 소득 수준에 따르지 아니하고 사회의 소비수준의 영향을 받아 타인의 소비 행동을 모방하려는 성향을 말하는 것으로, 대표적으로 저소득국가의 소비자들이 선진국의 소비행태를 모방하는 것을 예로 들 수 있다. 다만, 이는 앞서 설명한 편승효과와 구별되는데, 편승효과는 일종의 유행의 성격이 강하지만, 전시효과는 사회적 소비수준과 연관성이 있다. 마지막으로, 톱니 효과_{ratchet effect}가 있는데, 이는 소비의 관성화라고도 한다. 소비를 늘리기는 쉬워도 줄이기는 어려운 것을 말한다. 100만 원을 소비하던 사람이 어느 날 갑자기 20만 원만 소비하여야 하는 상황을 가정하면 쉽게 이해할 수 있을 것이다.

2 가격의 중요성

이러한 가격은 다양한 대상에 대하여 영향을 미칠 수 있지만, 크게는 경제, 기업, 소비자에게 영향을 미치는 요인이라고 할 수 있다. 따라서 가격은 매우 중요한 마케팅 믹스의 요소 중 하나라고 할 수 있다. 먼저 경제에 미치는 영향으로, 가격은 노동, 토지, 자본 등 생산 요소의 분배에 영향을 미치기 때문에 경제 시스템을 규제하는 역할도 한다. 예를 들어, 임금_{노동의 가격}이 상승하면 노동시장이 활성화되고, 이자_{빌린 돈에 대한 가격}가 높아지면 자본시장이 활성화된다. 또한, 소비자에 미치는 영향으로, 가격은 소비자의 품질에 대한 평가 기준, 제품에 대한 가격 이미지 형성 등에 영향을 준다. 대표적인 예로 소비자가 특정 제품에 대한 정보가 부족할 경우, 그 제품의 품질을 결정하는 것은 가격이

---

1. 헤르만 지몬, 프라이싱, ㈜쌤앤파커스, 2017년, p.74. 헤르만 지몬은, 프리미엄 상품이나 사치재의 경우, 이러한 품격효과가 존재하는지 살펴보아야 한다고 주장함

다. 높은 가격이 곧 높은 품질이라는 인식을 하게 된다. 마지막으로 기업에 미치는 영향으로, 가격은 기업의 제품, 유통, 촉진과 같은 다른 마케팅 믹스 요소와 달리, 변경이 용이하고 기업 이익에 직접적인 영향을 미친다.

 2. 가격 결정 방법

1 가격 결정 과정

가격도 일반적으로 몇 개의 단계를 거쳐서 결정된다. 이러한 가격 결정 과정을 도표로 정리한 것이 [그림 7-3]이다. 먼저, 가격 결정의 목표 설정 단계이다. 이는 가격 결정의 목표를 기업의 단기 이익을 극대화로 할 것인지, 시장점유율을 극대화로 할 것인지, 초기 고가격 정책을 채택할 것인지, 가격과 품질을 극대화할 것인지 등을 결정하는 것이다. 다음은 수요 결정 단계이다. 이는 앞서 설명한, 수요 곡선을 예측하거나 수요의 가격 탄력성을 파악하는 등 활동을 하는 단계이다. 원가 추정 단계에서는 제품의 원가 유형으로 변동비와 고정비가 있는데, 변동비variable cost는 생산량이 늘어나면 증가하는 비용으로, 재료비, 부품비, 판매 수수료 등이 해당하고, 고정비fixed cost는 생산량과 관계없이 일정하게 지출되는 비용으로, 임금, 월세, 이자 등이 해당한다. 생산량이 증가함에 따라 제품당 평균비용이 감소한다는 경험 곡선experience curve 또는 학습 곡선learning curve을 파악해 보거나, 목표 원가target costing 또는 활동 기준 원가ABC, activity based costing를 파악하는 활동 등을 하는 단계이다. 목표 원가target costing는 제품이 이익을 낼 수 있도록 제품의 원가를 미리 정하고, 이에 맞추어 생산 단계에서 발생하는 모든 원가를 관리하는 것을 말한다. 활동 기준 원가ABC, activity based costing는 생산에 필요한 여러 활동activity에 따라 원가를 배분하여 각 제품별 활동량에 따라 원가를 산정하는 방식이다. 경쟁사 가격 및 전략 분석 단계에서는 경쟁사의 제품의 원가, 이익 실현 원인, 시장 포지셔닝 전략 등을 분석하는 단계이다. 다음으로는 가격 결정 방법 산정 단계인데, 가격 결정 산정 방법에는 원가 기준법, 목표 수익률법, 손익분기점 분석, 경쟁사 가격 기준 등이 있으며, 이

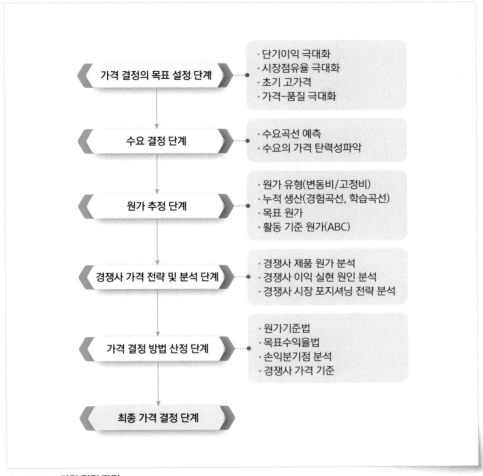

△ 그림 7-3 가격 결정 과정

에 대해서는 다음의 가격 결정 방법에서 설명하겠다. 이러한 각 단계를 거친 후 마지막 단계가 최종 가격 결정이다.

2 가격 결정 방법

가격 결정 방법을 알아보기 전에, 먼저 가격 결정 시 고려하여야 하는 요인을 살펴보도록 하겠다. 가격 결정 시 고려 요인으로 소비자 요인, 기업 요인, 경쟁사 요인, 유통경로

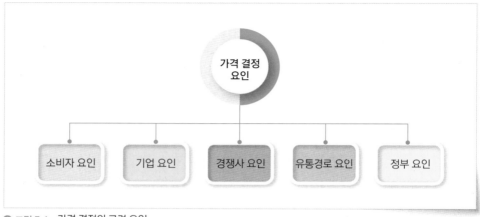

◯ 그림 7-4 가격 결정의 고려 요인

요인, 정부요인 등이 있다. [그림 7-4]는 가격 결정의 고려 요인을 정리한 것이다.

먼저, 소비자 요인으로, 가격은 소비자가 지불하고자 하는 가격 범위내에서 결정되는 것이며 이는 가격의 상한선이 되므로, 가격 변화에 따른 소비자의 수요 변화를 잘 분석하고 파악하여야 한다. 앞에서 설명한 수요의 법칙, 즉, 수요량의 변동, 수요의 변동 등을 고려하여야 한다. 기업 요인은, 가격 결정 시 마케팅 목표, 마케팅 믹스, 제품 원가 등을 고려하여야 한다는 것이다. 마케팅 목표는 기업의 생존, 이익 극대화, 시장점유율 극대화 등 다양하며, 마케팅 목표에 맞는 가격을 결정하여야 하는데, 특히 제품의 원가는 가격 결정의 최저 하한선가격의 하한선이므로 중요한 고려 요인이 된다. 경쟁사 요인으로, 소비자는 경쟁사 제품의 가격과 비교한 후 구매하므로, 경쟁사의 원가, 가격 등 가격 정보를 파악하는 것이 필요하다. 유통경로 요인으로, 유통업자는 자신들의 제품 마진을 유지하면서 공급 제품의 가격 인하를 요구하는 경우가 일반적이므로, 가격 결정 시 유통업자와의 관계를 고려하는 것이 필요하다. 마지막으로 정부 요인으로, 정부는 경제 상황, 물가 안정 등의 이유로 가격을 규제하고자 한다. 예를 들어, 생필품의 가격에 주류세, 유류세, 특별소비세 등 세금 부과를 통해 가격을 규제하고 있다. 따라서 가격 결정 시 정부 요인을 고려하는 것도 필요하다. 이러한 가격 결정 시 고려 요인들을 검토한 후 다음은 가격 결정 목표를 정한다. 가격 결정의 목표는 앞에서도 설명하였지만, 여기서는 이익 중심적 목표, 매출 중심적 목표, 현상 유지적 목표 등 3개의 목표에 대하여 설명하겠다. [그림 7-5]는 가격 결정 목표를 정리한 것이다.

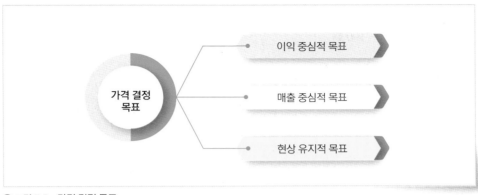

◐ 그림 7-5 가격 결정 목표

먼저, 이익 중심적 목표는 투자수익률을 확보하거나 이익을 극대화하는 것을 목표로 한다. 이에는 앞에서도 설명한 바 있는 투자수익률ROI, return on investment 확보가 있는데, 이는 투자액에 대하여 얼마만큼의 수익을 확보할 수 있느냐 하는 것이다. 예를 들어, 투자수익률 10%라고 하면 투자액 100억 원에 대하여 10억 원의 수익을 확보하느냐를 보는 것이다. 이외에도 이익을 극대화하는 방법으로 ROE, ROA 등이 있다. ROEreturn on equity로 총 자기자본에 대한 이익률을 나타내는 것이고, ROAreturn on assets는 총자산에 대한 이익률을 나타내는 것이다. 매출 중심적 목표는 가격 결정 시, 매출액 증대, 시장점유율 유지 또는 증가를 목표로 하는 것으로, 단위제품당 마진을 줄여서 판매량을 증가시키거나, 상대적으로 낮은 가격을 책정하여 판매를 늘리려는 목표를 말한다. 현상 유지적 목표는 가격 결정 시 현재 상황을 유지를 목표하는 것으로, 경쟁사 가격과 균형을 도모하는 것이다. 이러한 가격 결정 목표를 정한 후 구체적인 가격 결정 방법을 선택하게 된다. 가격 결정 방법에는 크게, 비용 중심적 방법, 경쟁 중심적 방법, 가치 중심적 방법이 있다. [그림 7-6]은 가격 결정 방법을 정리한 것이다.

비용 중심적 방법으로는 가장 기본적인 것이 원가 기준법이다. 이는 제품 원가에 일정 비율의 이익을 더하여 가격을 결정하는 방법이다. 이 방법은 가장 일반적인 가격 결정 방법으로 가장 단순하고 활용이 편리하지만, 소비자나 경쟁사의 정보를 고려하지 않는다는 단점이 있다. 이외에 앞서 설명한 투자수익률 방법과 같은 목표 수익률법, 이익과 손실이 같아지는 손익분기점을 기준으로 가격을 결정하는 손익분기점 분석 등이 있다. 경쟁 중심적 방법에는 경쟁사 가격 기준이 있는데, 이는 경쟁사 가격을 가격 결정 기준으

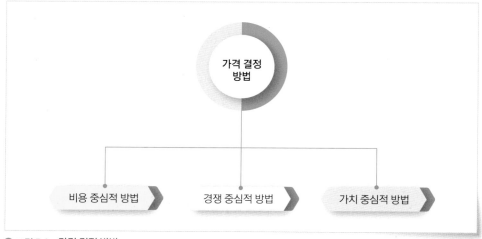

⬤ 그림 7-6 가격 결정 방법

로 삼는 것으로, 경쟁사 가격과 동일한 수준으로 가격을 결정하거나 조금 높거나 낮도록 가격을 결정하는 것을 말한다. 이 방법 역시, 가격 결정이 간단하고 비용 구조 분석이 불필요하고 경쟁사와 가격 경쟁을 최소화할 수 있는 장점이 있으나, 소비자의 입장을 고려하지 않는 단점이 있다. 가치 중심적 방법은 소비자의 제품 평가와 그에 따른 수요, 즉 소비자가 지각한 가치를 기준으로 가격을 결정하는 것을 말한다. 이 방법은 자사의 제품과 비교할 준거제품을 선정하고, 이 준거제품을 대신하여 자사 제품을 사용함으로써 얻게 되는 소비자의 혜택을 수치로 계산하는 것이다. 소비자가 주도하는 가격 결정 방법의 하나로 원하는 금액 지불하기Pay as you wish가 있다. 말 그대로 소비자가 지불하고 싶은 만큼 가격을 지불하는 것으로, 박물관이나 동물원 등에서 이용하며 특히, 일본 스시가게에서 많이 활용하고 있다.

3. 가격 전략

가격 결정 목표와 가격 결정 방법을 정한 후 구체적인 가격 전략을 실행하게 된다. 이러한 가격 전략에는 신제품 가격 전략, 제품 결합 가격 전략, 가격 차별화 전략, 가격 조

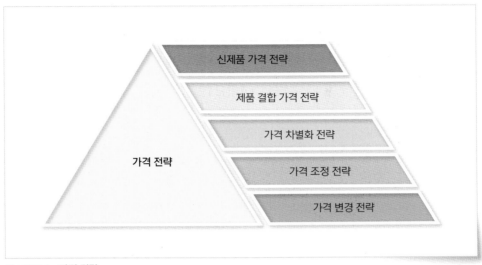

△ 그림 7-7   가격 전략

정 전략, 가격 변경 전략 등이 있다. [그림 7-7]은 가격 전략을 정리한 것이다.

먼저, 신제품 가격 전략이다. 이에는 시장 침투 가격과 초기 고가격이 있다. 시장 침투 가격penetration pricing은 신제품 출시 시, 소비자가 부여한 가치보다 낮은 가격을 책정하여 시장에 빠르게 침투하고, 이에 따라 시장점유율을 신속하게 확보하는 전략이다. 시장성장률이 높아 단기 이익보다 장기 이익을 확보할 수 있는 경우, 소비자가 가격에 민감한 경우 등에 적합한 전략이다. 초기 고가격skimming pricing은 신제품 출시 시, 특히 혁신적 제품의 경우 구매에 적극적인 고객에게 높은 가격을 책정하는 전략으로, 높은 수익을 확보하여 연구 개발비나 투자비를 조기에 회수할 수 있는 전략이다. 대표적인 예가 애플Apple의 iPhone으로 iPhone 1의 경우, 출시가가 $599였으나 이후 가격을 $399로 내렸다. 다음은 제품 결합 가격 전략으로 이에는 제품 라인 가격, 결합 제품 가격, 제품 묶음 가격 등이 있다. 제품 라인 가격product line pricing은, 동일 제품 라인에 가격대를 설정하고 그 가격대 안에서 개별 제품 가격을 결정하는 것이다. 대표적인 예로 양복의 경우, 고가, 중가, 저가로 구분하는 예를 들 수 있다. 결합 제품 가격captive product pricing은, 특정 제품을 저렴하게 판매한 후 해당 제품의 지속 사용을 위한 소모품이나 부품 등을 높은 가격에 판매하는 것이다. 대표적인 예가 프린터와 토너, 게임기와 소프트웨어의 판매이다. 제품 묶음 가격price bundling은 여러 제품을 묶음으로 판매하는 것으로, 맥도널드의 세트 메뉴를 생각하면 된다. 가격 차별화 전략으로는 고객별 가격 차별화, 제품 형태별 가격 차별화, 입지별 가격 차별화, 시간별 가격 차별화 등이 있다. 고객별 가격 차별화는 고객에 따라 가격을 다르게 결정하는 것으로, 어른과 어린이의 전철요금 차이를 예로 들 수 있다. 제품 형태별 가격 차별화는 제품 형태에 따라 가격을 다르게 결정하는 것으로, 튜브형과 펌프형 치약의 가격을 다르게 결정하는 것이 예이다. 입지별 가격 차별화는 공간적 위치에 따라 가격을 다르게 결정하는 것으로, 야구장의 좌석 위치에 따른 가격에 차이를 두는 것이 예이다. 시간별 가격 차별화는 시간에 따라 가격을 다르게 결정하는 것으로, 성수기 및 비수기에 따른 항공권 요금의 차이를 예로 들 수 있다. 가격 조정 전략도 있다. 가격 조정 전략에는 다시 심리적 가격, 촉진 가격 등이 있다. 심리적 가격 psychological pricing은 소비자 지각을 반영하여 가격을 조정하는 것이다. 대표적인 것이, 앞에서도 언급한 가격-품질 연상price-quality association으로 소비자가 '고가격 = 고품질'이라는 인식을 갖는 것을 일컫는다. 또한, 준거가격reference pricing도 있는데, 이는 구매자가 비싼지 싼지를 판단하는 기준이 되는 가격을 말한다. 이러한 준거가격을 활용하여 판매하는 대표적인 장소가 아웃렛 몰outlet mall이다.[2] 단수가격odd pricing도 있는데, 이는 가격의 마지막 자리를 조정하여 소비자의 심리에 영향을 미치는 것을 말한다. 재미있는 것은 단수가격이 원래는 19세기 말 미국에서 판매원들의 횡령을 방지하기 위하여 도입한 가격이라는 점이다. 매번 판매원이 잔돈을 거슬러 주기 위해 돈을 들고 계산대로 오게끔 만든 것이었다.[3] 예를 들어 제품 가격을 10,000원 대신 9,990원을 책정하는 것이다. 촉진 가격promotional pricing은 소비자의 구매를 촉진하기 위하여 기본가격을 조정하는 것을 일컫는데, 제품을 카드 대신 현금으로 지불하는 경우 할인해 주는 현금할인, 대량으로 구매하는 경우 가격을 할인해 주는 수량할인, 판매자가 해야 할 일을 중간상이 대신한 경우 보상해 주는 거래할인, 계절이 지난 제품 가격을 할인해 주는 계절적 할인, 제품 교환 시 기존 제품 가격을 신제품 가격에서 깎아주는 공제, 유통업체가 특정 제품의 가격을 현저하게 낮게 책정하고 소비자를 끌어들여 구매를 촉진시키는 유인가격loss leader 등이 있다. 마지막으로, 가격 변경 전략으로는 가격 변경 주도와 가격 변경 대응이 있다. 가격 변경 주도는 과잉 생산 능력을 해소하거나 시장 점유율을 증대시키기 위하여 주도적으로 가격을 인하하는 것이다. 반대로, 원가가 상승하거나 초과 수요가 발생하거나 자사 제품의 가치가 상승하는 경우, 주도적으로 가격을 인상하는 것이다. 가격 인하 시에 경쟁자의 반응을, 가격 인상 시에는 소비자의 반응을 미리 예상하는 것이 중요하다. 특히 가격 인하 시에는 관리상 주의하여야 할 요인이 많이 있다. 앞서 설명한 가격-품질 연상으로 인해, 가격을 내림으로써 품질에 대한 소비자 인식에 나쁜 영향을 미칠 수 있다. 또한, 일시적인 가격 인하로 매출액 및 시장점유율이 상승할 수는 있으나, 경쟁자의 가격 인하로 수익성이 악화될 가능성이 있다. 특정 사유가 없는 단순 가격 인하는 고객의 불신을 초래할 수 있는데, 대표적인 예로 맥도날드가 Big Mac을 99센트에 출시하여 소비자들의 거센 항의를 받았던 사례가 있다. 가격 변경 대응은 경쟁자가 가격을 내릴 경우 이에 대응하는 것으로, 이에는 경쟁자가 내린 가격에 맞대응하는 가격 인하, 인지된 제품 가치 제고를 통한 현재 가격 유지, 품질향상을 통한 가격 인상, 자사 제품 간의 시장 잠식을 의미하는 카니벌라이제이션cannibalization을 방지하기 위한 저가 대체재LEA, less expensive alternative[4] 출시 등이 있다. 저가 대체재는 주로 세컨드 브랜드 제품을 출시하는 경우이다.

---

2. 엘렌 러펠 셸, 완벽한 가격, 랜덤하우스, 2011년, p.206. 엘렌 러펠 셸은, 오늘날 아웃렛 몰이 준거가격을 이용하여 고객을 속이는 대표적인 장소라고 주장함

3. 니콜라 게겐, 소비자는 무엇으로 사는가, 지형, 2006년, p.23. 니콜라 게겐은, 단수가격이 판매원의 횡령을 줄이기 위해 도입되었다고 설명하면서, 고객들도 망치가 2달러가 아닌 1.99달러인 경우, 흔히 1센트를 돌려받았다고 설명함

4. 헤르만 지몬, 프라이싱, ㈜쌤앤파커스, 2017년, p.124. 헤르만 지몬은, 수많은 기업이 경쟁 기업에 대응하기 위하여 더 저렴한 대체재, 다시 말해, 저가 대체재(LEA, less expensive alternative) 도입을 고려한다고 기술함

Chapter

08

유통경로 관리

1. 유통경로의 기능

1 유통경로의 개념

유통경로distribution channel란, 제품이나 서비스를 소비자가 사용할 수 있도록 전달하는 과정에 참여하는 개인이나 조직을 말하는데, 이러한 유통경로는 상호의존적인 개인 및 조직의 집합체라고 할 수 있다. 유통경로의 궁극적 목적은 최종 소비자가 제품 및 서비스를 사용, 소비할 수 있도록 하는 것이다. 이러한 유통경로는 유통경로의 길이에 따라 4가지 수준으로 구분할 수 있다. 소비재의 유통경로는, 첫째, 0수준 경로zero-level channel로 제조업체가 직접 최종 소비자에게 판매하는 것으로, 직접 마케팅 경로direct marketing channel라고도 한다. 둘째, 1수준 경로one-level channel는 하나의 중간상, 즉 소매상이 포함되는 것이다. 셋째, 2수준 경로two-level channel는 2개의 중간상, 즉 도매상과 소매상이 포함되는 형태이다. 넷째, 3수준 경로three-level channel은 3개의 중간상이 포함되는 것으로, 일반적으로 도매상1과 도매상2배급업체, 소매상이 포함되는 형태이다. [그림 8-1]은 소비재의 유통경로 수준을 정리한 것이다[1].

2 유통경로의 기능

유통경로는 다양한 기능을 수행한다. 서로 다른 유통경로 구성원들은 다른 시간에 이러한 기능을 수행하는데, 이러한 기능 수행을 기능의 흐름flows이라고 표현할 수 있다. 기능의 흐름은 크게 전방 기능 흐름, 후방 기능 흐름, 양방 기능 흐름으로 나누어진다. 우선, 전방 기능 흐름forward flows이란 제조업체에서 도매상 및 소매상을 거쳐 소비자 방향으로 흐르는 기능을 말하는 것으로, 제품의 물리적 보유, 소유권, 판매 촉진 등의 기능을 지칭한다. 후방 기능 흐름backward flows이란, 역으로 소비자에서 소매상 및 도매상을 거쳐 제조업체 방향으로 흐르는 기능을 지칭하는 것으로, 제품 주문, 대금 지급 등의 기능을 일컫는다. 양방 기능 흐름은, 제조업체, 도매상, 소매상, 소비자 등 유통경로 구성원들간에 양방향으로 이루어지는 기능을 말하는 것으로, 협상, 금융, 위험 부담 등의 기능을 일컫는다. [그림 8-2]는 이러한 유통경로의 기능 흐름을 표로 정리한 것이다[2].

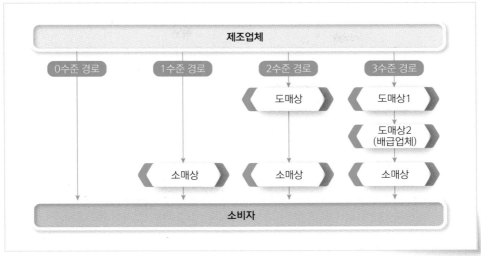

○ 그림 8-1　소비재의 유통경로 수준

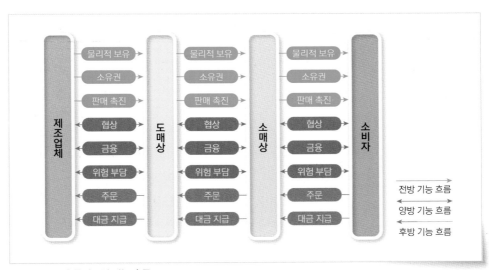

○ 그림 8-2　유통경로의 기능 흐름

1. 필립 코틀러, 마케팅관리론(Marketing Management 11판), 도서출판 석정, 2004년, p.718. 필립 코틀러는, 소비재 마케팅 경로를 0수준 경로에서 3수준 경로로 분류하여 설명하고 있는데, 이를 인용하여 수정함

2. 박종오, 권오영, 편해수, 마케팅, 북넷, 2018년, p.409. 박종오 등은, Coughlan, Anne T., Erin Anderson, Louis W. Stern, and Adel I. El-Ansary(2006), Marketing Channels, 7th ed., Pearson Prentice Hall, p.12를 인용하였는데, 이를 재인용하여 수정함.

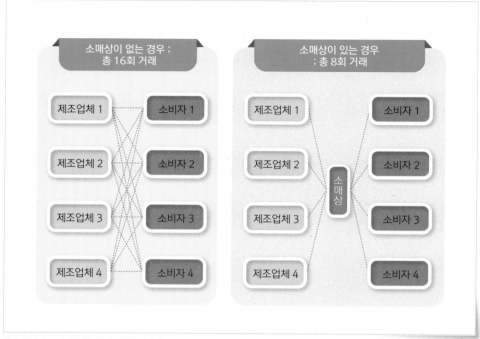

소매상이 없는 경우 ;
총 16회 거래

소매상이 있는 경우
; 총 8회 거래

제조업체 1   소비자 1

제조업체 2   소비자 2

제조업체 3   소비자 3

제조업체 4   소비자 4

소매상

🔵 그림 8-3   소매상을 통한 거래 단순화

　유통경로의 최종 목적은 앞서 언급한 바와 같이 최종 소비자가 제품이나 서비스를 사용할 수 있도록 하는 것인데, 이는 다른 표현으로 최종 소비자에게 가치를 제공하는 형태로 나타난다. 일반적으로 가치values는 총혜택total benefits에서 총비용total costs을 뺀 값을 의미하는데, 총혜택은 유통경로가 제공하는 혜택이 증가하는 형태로 나타나고, 총비용은 유통경로가 발생시키는 비용을 절감하는 형태로 나타난다. 먼저, 혜택 증가를 통한 가치 제공은 소비자의 정보 탐색 과정을 편리하게 하는 정보 탐색 혜택, 제품 분류 기능을 통하여 제조업체의 제품 구색과 최종 소비자의 제품 구색 사이의 불일치 조정하는 제품 형태 혜택, 시간과 장소의 불일치를 해결하는 시간적 및 장소적 혜택 등이 있다. 비용 절감을 통한 가치 제공으로는 제조업체에 대한 지원 업무를 전문화하여 비용을 절감하고 분업을 통해 규모의 경제 달성 등의 역할 전문화를 통한 비용 절감, 대금 지불액, 지급 형태, 지급 시기 등 거래 과정의 정례화를 통한 비용 절감, 소비자가 들러야 하는 소매상의 수를 줄임으로써 거래를 단순화하고 효율성을 달성하는 거래의 단순

🔵 그림 8-4   유통경로 개발 시 고려 요인

화를 통한 비용 절감 등이 있다. [그림 8-3]은 소매상을 경유한 거래 단순화를 예시적으로 표현한 것이다.

 2. 유통경로의 개발

1 유통경로 개발 시 고려 요인

유통경로는 다양한 요인의 영향을 받기 때문에 유통경로를 개발할 때는 그러한 다양한 요인을 고려하여야 한다. [그림 8-4]는 유통경로 개발에 영향을 미치는 요인을 정리한 것이다.

먼저, 시장 요인으로는 시장 형태, 잠재고객 수, 시장의 지역적 집중 정도, 주문 규모 등을 들 수 있다. 제품 요인으로는 제품 단가, 제품 소멸성, 제품의 기술적 복잡성 등 해당하며, 법/경쟁사 요인으로는 법과 제도의 영향, 경쟁사의 전략 등이 있다. 유통경로

🔵 그림 8-5 유통경로 개발 단계

구성원 요인은 구성원이 제공하는 서비스 유형, 원하는 유통경로 구성원의 이용 가능성 등이 해당한다. 기업 요인으로는 유통경로를 통제하기 원하는 정도, 제조업체가 제공하는 서비스, 경영 능력, 재정적 지원 등이 해당한다.

2 유통경로의 개발 단계

다양한 유통경로 개발의 영향 요인을 검토한 후 유통경로를 개발하는데, 이에 몇 개의 단계를 거쳐서 유통경로를 개발하게 된다. [그림 8-5]는 유통경로 개발 단계를 정리한 것이다.

먼저, 고객 욕구 분석을 통한 유통경로 결정에서는 고객이 어떤 유통경로 서비스를 원하는가가 가장 중요한 고려 요인이다. 즉, 소비자가 원하는 유통경로 서비스의 유형과 수준을 결정하는 것이다. 유통경로의 목표 설정에서는 유통경로의 효과성 및 효율성 달성을 동시에 추구하여야 한다. 효과성effectiveness이란 원래 '제대로 된 일을 하는 것Doing the right things'이란 뜻으로 소비자가 원하는 서비스를 제대로 전달하는가의 문제이고, 효율성efficiency이란 '일을 제대로 하는 것Doing things right'이란 뜻으로 그러한 서비스를 제공하는 데 드는 비용을 얼마나 줄이는가 하는 비용 절감의 문제이다. 다음으로는 유통

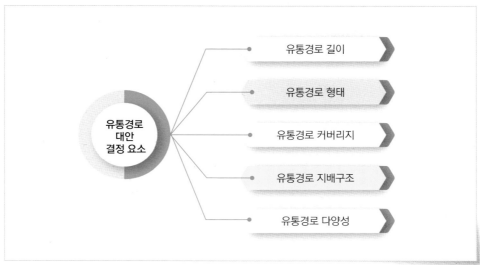

🔵 그림 8-6   유통경로의 대안을 결정하는 요소

유통경로	통제력	융통성	투자비	시장범위
짧은 경로	고	고	고	저
긴 경로	저	저	저	고

🔵 표 8-1   유통경로 길이 비교

경로의 대안 파악인데, 이는 유통경로의 대안을 결정하는 요소로는 유통경로 길이, 유통경로 형태, 유통경로 커버리지, 유통경로 지배구조, 유통경로 다양성 등이 있다. [그림 8-6]은 이러한 유통경로의 대안을 결정하는 요소를 정리한 것이다.

유통경로 길이란 유통경로의 단계를 어느 정도로 할 것인지 결정하는 것을 말하는데, 유통경로의 길이가 짧은 경우중간상 배제와 긴 경우다양한 중간상 개입가 있다. 유통경로의 길이가 짧은 경우, 제조업체가 중간상을 완전히 배제하고 최종 소비자에게 직접 제품이나 서비스를 판매하는 경우이다. 이 경우는 제조업체의 유통경로에 대한 통제력과 융통성은 증가하지만, 제조업체가 직접 유통경로의 기능을 수행하기 때문에 비용도 따라서 증가하게 된다. 또한 좁은 범위의 소비자만을 확보할 수 있다. 반면에 유통경로의 길이가 긴 경우는 다양한 중간상을 거치는 관계로 통제력과 융통성은 약화하지만, 비용은 감

구분	중간상 수	특징	예
전속적 유통경로	1개	• 제품에 대한 배타성 및 희소성 확보 가능 • 가격 통제 유리 • 유통경로 구성원과의 긴밀한 관계 유지 가능	• 자동차 • 산업용 장비
선택적 유통경로	소수	• 전속적 유통경로와 집중적 유통경로의 중간 형태	• 가전 제품 • 기계 부품
집중적 유통경로	다수	• 넓은 시장 범위 • 가격 통제 불리	• 편의품 • 타이어

⬤ 표 8-2 유통경로 커버리지에 따른 분류

소하고 넓은 범위의 소비자를 확보할 수 있으며, 중간상의 전문화된 서비스도 기대할 수 있다. 이를 비교하여 정리한 것이 [표 8-1]이다. 유통경로 형태는 유통경로상의 구체적 형태를 결정하는 것으로, 유통경로로 백화점, 대형마트, 편의점, 슈퍼마켓, 인터넷 홈쇼핑 등 여러 형태의 소매상을 고려하는 것을 말한다. 유통경로 커버리지coverage는 유통경로 단계별로 자사 제품을 취하는 중간상의 수를 말한다. 이에는 전속적 유통경로, 선택적 유통경로, 집중적 유통경로가 있다. 전속적 유통경로exclusive distribution는 특정지역 내 단 하나의 중간상을 통하여 제품을 공급하는 것으로, 독점적 유통경로 또는 배타적 유통경로라고도 한다. 선택적 유통경로selective distribution는 특정지역내 소수의 중간상을 통하여 제품을 공급하는 것을 말한다. 집중적 유통경로intensive distribution는 특정지역내 가능한 많은 중간상을 통하여 제품을 공급하는 것을 말한다. 이를 정리한 것이 [표 8-2]이다. 유통경로 지배구조는 유통경로의 기능을 수행하고 통제하는 주체가 누구인가 하는 문제이다. 즉, 유통업체가 통제하는가, 제조업체가 통제하는가의 문제이다. 유통경로 다양성은 유통경로의 수를 말하는 것으로, 단일 유통경로single channel, 예, 대리점로 할 것인지, 복수 유통경로multiple channel, 예, 대리점, 대형마트, 백화점로 할 것인지의 문제이다.

유통경로의 대안 평가 및 선택에서는 경제성, 통제 가능성정도, 적응성 등 다양한 기준으로 유통경로의 대안을 평가하고 선택하는 것을 말한다. 마지막으로 선택한 유통경로의 구성원을 선정하여 계약을 체결함으로써 유통경로 개발과정은 완료된다.

종류	구체적인 예
강압적 파워	대리점 보증금 인상, 마진폭 인하, 대금 결제일 변경, 끼워 팔기, 밀어 내기
보상적 파워	영업 활동 지원, 판매 지원, 금융 지원, 시장 정보 제공, 리베이트, 광고 지원
합법적 파워	특허권 사용, 프랜차이즈 계약, 상표권 사용
전문적 파워	경영 관리에 대한 조언, 영업사원 교육 및 훈련, 상품 진열 및 전시 조언
준거적 파워	유명 상표 취급의 긍지, 상호간의 목표 공유, 긴밀한 상호 관계 지속

⬤ 표 8-3 유통경로 파워의 종류 예

 3. 유통경로의 관리

1 유통경로의 파워

유통경로의 파워power란 유통경로의 구성원이 다른 유통경로 구성원의 행동에 영향을 미치거나 행동을 변경시킬 수 있는 능력을 말하는 것으로, 유통경로의 파워는 의존이라는 개념으로도 설명할 수 있다. 제조업체가 유통경로의 중간상에 의존하는 경향이 강할수록 유통경로의 파워는 강해지고, 반대로 유통경로상의 중간상이 제조업체에게 의존할수록 유통경로의 파워는 약해진다. 최근에는 유통경로의 파워가 크게 증가하고 있는 것이 사실인데, 예를 들어 한국의 롯데하이마트나, 중국의 수닝Suning과 같은 유통업체는 자국 시장의 유통시장에서 막강한 영향력을 행사하고 있다. 삼성전자의 가전사업부문의 경우, 불과 몇년 전까지만 해도 하이마트 최고경영진과의 미팅을 상상할 수도 없었으나, 최근에는 양사 최고경영진 미팅이 이루어진 사례도 있다. 이러한 유통경로의 파워도 다양한 종류로 구분할 수 있는데, 강압적 파워, 보상적 파워, 합법적 파워, 전문적 파워, 준거적 파워 등이 있다. 먼저 강압적 파워coercive power는 중간상이 제조업체의 요구대로 행동하지 않을 경우, 처벌할 수 있는 능력을 가지고 있기 때문에 발생하는 파워이다. 보상적 파워reward power는 제조업체가 중간상에게 보상할 수 있는 능력

129

을 가지고 있기 때문에 발휘할 수 있는 파워를 말한다. 합법적 파워legitimate power는 제조업체가 중간상에게 어떤 행동을 요구할 수 있는 합법성이나 정당성을 가지고 있기 때문에 발휘할 수 있는 능력을 말한다. 전문적 파워expert power는 제조업체가 중간상이 가지고 있지 않은 특별한 지식이나 노하우를 가지고 있다고 인식하기 때문에 발생하는 파워이다. 준거적 파워referent power는 중간상이 제조업체에게 일체감을 갖게 되기를 바라기 때문에 생기는 파워이다. [표 8-3]는 이러한 유통경로 파워의 종류에 대한 예를 정리한 것이다.

2 유통경로의 갈등

유통경로의 갈등이란, 한 유통경로 구성원의 목표 달성을 다른 유통경로의 구성원이 방해하는 행동을 한다고 생각하는 것을 말한다. 이러한 유통경로의 갈등의 종류에는 수평적 갈등과 수직적 갈등이 있다. 수평적 갈등은 동일 단계의 유통경로 구성간의 갈등을 말하는 것으로, 서로 다른 업태 사이의 갈등, 대표적인 예로, 대형마트와 전통시장 간 갈등이 있으며 이러한 갈등을 회피하기 위하여 매월 2회 대형마트이마트 등가 정기 휴무를 하게 되었다. 업태 내 갈등도 있는데, 예를들어 신세계백화점과 롯데백화점 간의 갈등이 있을 수 있다. 수직적 갈등은 서로 다른 단계에 있는 유통경로 구성원 간의 갈등으로 제조업체와 도매상 간 갈등, 제조업체와 소매상 간 갈등 등이 있다.

4. 소매상과 도매상

1 소매상의 개념

소매상retailer이란, 개인적 혹은 비영리적 목적으로 구매하는 최종 구매자에게 제품이나 서비스를 판매하는 조직체를 말하는 것으로, 소매업, 소매업태, 소매기관 등으로도 불린다. 소매상의 기능은 [그림 8-7]로 정리했다.

소매상의 기능은 크게, 제조업체를 위한 기능과 소비자를 위한 기능으로 나누어 설

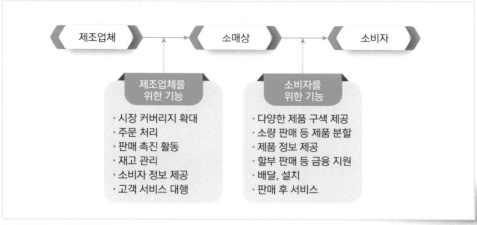

◔ 그림 8-7   소매상의 기능

◔ 그림 8-8   소매상의 구분

명할 수 있다. 제조업체를 위한 기능으로는, 판매 대행을 통해 시장 커버리지를 확대하고 주문을 처리하며 광고, 판촉 등 촉진 활동을 수행한다. 또한, 제조업체의 재고를 유지하고 소비자의 다양한 정보를 제조업체에게 제공하며 고객 서비스도 대행한다. 소비자를 위한 기능으로는, 소비자를 위하여 다양한 제품 구색을 제공하고 소량 판매를 위하여 제품을 분할하기도 하며 제품 관련 정보를 소비자에게 제공한다. 또한, 소비자에게 신용 제공을 통해 금융 지원도 하고 제품의 배달, 설치, 교육 등의 다양한 서비스도 제공한다. 이러한 소매상도 몇 가지 기준으로 구분할 수 있다. 먼저 제품의 구색에 따라

△ 그림 8-9   점포형 소매상의 유형

전문점이나 백화점으로 구분할 수 있고, 입지 및 크기에 따라 대형마트나 소형 점포 등으로 나눌 수 있다. 또한, 점포 유무 및 소유 형태에 따라 독립적 소매상이나 체인으로 나눌 수 있고, 가격 및 서비스 수준에 따라 편의점, 대형마트, 백화점, 온라인 쇼핑 등으로 구분할 수 있다. [그림 8-8]은 소매상의 구분을 정리한 것이다.

2 소매상의 유형

❶ 점포형 소매상

점포형 소매상이란, 물리적이고 유형적인 점포를 기반으로 하는 소매상을 말하는 것으로 [그림 8-9]는 이를 정리한 것이다.

백화점department store은 제품을 편의품에서 전문품까지 부문별로 구성하여, 일괄 구매할 수 있도록 운영하는 대규모 소매상을 말하는데, 소매상 중 가장 높은 수준의 서비

🔵 그림8-10   프랑스 봉마르쉐 백화점 모습

스를 제공하고, 가격도 비싼 소매상이다. 세계 최초 백화점은 프랑스 봉마르쉐 백화점1852 년 [그림 8-10]이며, 우리나라의 최초의 백화점은 신세계백화점의 전신인 일본 미쯔코시 백화점 경성지점1929년이다. 이러한 백화점 업계의 최근의 추세는 몇 가지 특징을 띠고 있 다. 우선, 고객층이 다양화하고 있다. 백화점의 주 고객이 40~50대 중장년층 중심에서 20~30대 젊은 소비자들이 증가하고 있고, 여성 고객이 주된 고객이었으나 남성 고객의 비중도 점차 증가하고 있다. 또한, 백화점의 대형화 및 복합화하는 경향이 있다. 백화점 들이 복합 쇼핑몰을 지향하면서, 문화센터, 카페, 영화관 등 각종 편의시설을 확대하고 있다. 대표적인 예가 신세계 백화점 부산 센텀시티점으로, 이 백화점은 현존하는 세계 최대의 백화점으로, 스파랜드, 아이스링크, 영어 유치원, 주라지 파크, 문화 아카데미, 면세점, 실내 골프장 등 다양한 시설들이 구비되어 있다. 또한, 웰빙붐과 함께 건강에 대 한 관심도뿐만 아니라 지구 온난화 및 자원 재활용에 대한 관심도도 증가함에 따라 이 러한 사회적 관심을 반영한 제품 구색을 구축하고 있다. 또한, 디지털 사회의 도래에 따 른 모바일 기기의 발전, 언택 기술의 발전에 따라 온라인 및 오프라인을 결합하는 판매 방안을 적극적으로 모색하고 있다.

　전문점specialty store은, 제한된 제품계열을 보유하고 해당 제품계열에서 다양한 제품 구색을 취급하는 소매상으로, 주로, 신발, 전자제품, 의류, 침구, 속옷, 액세서리, 서적, 유 아용품 등을 판매한다. 대표적인 예가 스포츠용품 매장인 나이키, 아디다스 매장 등이 다. 이러한 전문점 시장에서도 전문점의 다양화 및 세분화가 진행되고 있는데, 특히, 건

○ 그림8-11   슈퍼마켓 킹컬렌의 모습

강 및 미용에 관심이 증가하면서 이와 관련한 전문점의 성장이 두드러지고 있다. 또한, 백화점업계의 최근 추세에서 보았듯이, 친환경 관련 전문점의 성장도 눈에 띄고 있다.

슈퍼마켓super market은 대량 매입, 셀프서비스 방식, 낮은 마진의 생필품, 편의품, 식료품 등을 취급하는 소매상으로, 장소의 편의성을 바탕으로 지역 밀착형 서비스로 제공한다. 미국 최초의 슈퍼마켓은 미국 킹컬렌King Kullen 1930년 [그림 8-11]로, 우리나라의 경우, 1964년 설립된 한국 슈퍼마켓이 최초이다. 이러한 슈퍼마켓 업계도 근거리 쇼핑센터의 확산과 대형 슈퍼마켓 중심으로 시장이 재편됨과 동시에 정체된 시장 수요와 함께 업체 간 경쟁이 가속화되고 있다. 이에 따라, 대형 매장 및 소형 업체의 상생 방안 모색이 필요한 상황이다.

편의점convenience store은 소규모 매장으로 24시간 연중무휴로 영업을 하며 회전율이 높은 식료품, 편의품, 일용잡화 등을 소량으로 취급하는 소매상을 말한다. 미국 최초의 편의점은 7-eleven1946년이며, 우리나라의 경우, 올림픽선수촌 7-eleven1989년이 최초이다. 편의점 업계도 최근 다양한 변화를 겪고 있다. 먼저, 1인 가구 소비자의 급증에 따른 소량 구매 경향이 갈수록 심화하고 라이프스타일 변화에 따른 제품 구색도 갖추어야 한다. 매출 성장 대비 너무 많은 점포가 난립하여 업체 간 경쟁도 심화하고 있다.

대형마트는 박리다매의 원칙으로 유명 상표 제품을 일반 상점보다 상시로 낮은 가격에 판매하는 소매상을 말한다. 미국 최초는 K-Mart1957년이고, 우리나라 최초는 이마트 창동점1993년이다. 대형마트 업계는 소비자들의 저가 일상용품 선호 경향에 따라 가격

⬤ 그림8-12   카테고리 킬러의 예, 토이즈러스와 ABC마트

경쟁이 심화하고 있고, 대형마트의 고유의 PBprivate brand 제품이 증가하고 있으며, 온라인 및 오프라인을 결합하는 판매 방안을 모색하고 있다.

카테고리 킬러category killer는 전문할인점special discount store이라고도 하는데, 전문점과 같은 한정된 제품계열을 취급하지만, 제품계열 내 다양한 제품 구색을 대형마트보다 저렴한 가격에 판매하는 소매상이다. 주로, 장난감, 문구용품, 신발 및 스포츠 의류, 가전, 생활용품, 가구 등 다양한 제품을 취급한다. 따라서, 카테고리 킬러의 특징은, 한정된 제품계열의 다양한 제품 구색, 저렴한 가격, 체인화 및 대형화, 창고형식으로 규정할 수 있다. 대표적인 예가 [그림 8-12]의 장난감 매장인 토이즈러스와 신발 매장인 ABC 마트이다.

회원제 창고형 매장은 고객으로부터 일정한 회비를 받고 거대한 창고형식의 점포에서 적은 서비스로 저렴한 가격에 제품을 판매하는 소매상이다. 주로, 가공식품, 잡화, 가정용품, 가구, 전자제품 등 3~5천 개 정도의 품목으로 한정하여 판매한다. 미국 최초는 프라이스 클럽1976년, 우리나라 최초는 한국 프라이스클럽1994년, 현 Costco이다. 회원제 창고형 매장의 특징은, 회원제, 연회비, 대량 판매, 묶음 진열, 점포 시설 및 포장 최소화, 셀프서비스, 회전율 높은 제품 위주 등으로 정리할 수 있다.

❷ 무점포형 소매상

무점포형 소매상에도 다양한 유형이 있다. [그림 8-13]은 무점포형 소매상의 유형을 정리한 것이다.

먼저, 카탈로그 마케팅catalog marketing은 카탈로그를 통해 제품 정보를 소비자에게 전달하고, 전화, 우편, 팩스 등을 통해 주문을 받아 판매하는 방식이다. 텔레마케팅telemarketing은 전화를 통한 판매방식으로, 아웃바운드 텔레마케팅out-bound telemarketing은 기업

● 그림 8-13 무점포형 소매상의 유형

이 고객에게 직접 전화를 걸어 판매하는 방식을 말하고, 인바운드 텔레마케팅in-bound telemarketing은 고객으로부터 먼저 문의가 온 후 판매가 이루어지는 방식이다. TV 홈쇼핑TV home shopping은 TV를 통하여 제품 정보를 제공하고 고객으로부터 주문을 받아 판매하는 방식으로, 홈쇼핑 채널 방식과 TV 광고 방식이 있다. 인터넷 쇼핑몰internet shopping mall은 인터넷상에서 제품을 진열하고 판매하는 방식으로, 개인을 대상으로 한 B2C 온라인 쇼핑몰, 기업을 대상으로 한 B2B 마켓 플레이스market place가 있다. 또한, 개인을 대상으로 한 인터넷 쇼핑몰에는 일반적인 온라인 쇼핑몰online shopping mall과 함께, 개인 판매자가 인터넷에 직접 제품을 올려 판매하는 방식인 오픈 마켓open market이 있다. 모바일 커머스mobile commerce는 휴대용 단말기를 이용하여 판매한 방식을 말하며, 직접 판매direct selling는 방문 판매 또는 대면 판매라고도 하는데, 대표적인 예가 한국 야쿠르트 아줌마이다. 야쿠르트 아줌마에 대해서는 다음에 자세히 설명하도록 하겠다Chapter 09 마케팅 커뮤니케이션 참고. 자동판매기automatic vending machine는 음료, 스낵, 서적 등 편의품을 기계에 저장하여 판매한 방식이다.

3 **도매상**

도매상wholesaler이란, 재판매 혹은 영리적 목적으로 구매하는 최종 구매자에게 제품이나 서비스를 판매하는 조직체를 일컫는데, 기본적으로 다수 생산자로부터 제품을 조달하여 이를 소매상에게 분배하는 역할을 한다. 이러한 도매상의 유형에는 제품의 소유권을 가지고 다양한 기능을 수행하는 독립적인 사업체인 상인 도매상, 제품의 소유권은 가지고 있지 않으면서 단지 거래를 성사시키는 역할을 하고 일정 비율의 수수료를 받는 대리점 및 브로커, 제조업체가 직접 소유하고 운영하는 도매상인 제조업체 도매상 등이 있다.

Chapter

09

마케팅 커뮤니케이션

 1. 촉진과 통합적 마케팅 커뮤니케이션

1 촉진과 통합적 마케팅 커뮤니케이션의 의미

촉진promotion이란, 마케팅 믹스 4P 중의 하나로, 소비자가 자사 제품이나 서비스에 대하여 우호적 성향을 가지도록 만들기 위한 마케팅 커뮤니케이션 과정을 말한다. 마케팅 믹스 4P는 앞에서 이미 설명하였지만, 마케팅 목표 달성을 위하여 마케팅 활동에서 사용되는 방법을 전체적으로 조정 및 구성하는 것을 말한다. 촉진 과정은 크게 인지 과정, 태도 형성 과정, 행동 과정의 3단계로 나눌 수 있는데, 먼저 인지 과정이란 소비자에게 자사의 제품이나 서비스에 대한 정보를 제공하여 알리는 단계이다. 태도 형성 과정은 소비자가 자사의 제품이나 서비스에 대해 호의적 감정을 가지게 하는 단계를 말하며, 행동 과정은 실제 소비자가 자사의 제품을 구매하게 하는 단계를 말한다. 촉진과 관련하여 촉진 믹스라는 개념도 있다. 촉진 믹스promotion mix는 촉진을 위해 이용되는 여러 가지 커뮤니케이션 수단을 지칭한다. 촉진 믹스에는 광고, 판매 촉진, PRpublic relations, 인적 판매 등을 비롯하여, 인터넷 웹사이트, 직접 마케팅, POPpoint of purchase, 디스플레이, PPLproduct placement 등이 포함된다. 이 책에서는 촉진 믹스를 크게 광고, 판매 촉진, PR, 인적 판매의 4개로 구분하여 설명하겠다. 마케팅 믹스와 촉진 믹스의 관계를 정리

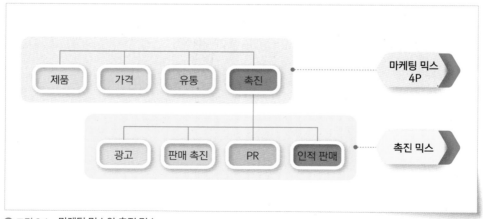

● 그림 9-1 마케팅 믹스와 촉진 믹스

△ 그림 9-2 촉진, 촉진 믹스 및 통합적 마케팅 커뮤니케이션

하면 [그림 9-1]과 같다. 필립 코틀러Philip Kotler는 촉진 믹스를 마케팅 커뮤니케이션 믹스 marketing communication mix라고 칭하고, 앞에서 언급한 광고, 판매 촉진, PR, 인적 판매외 에 직접 마케팅을 추가하여 5개로 분류했다[1].

다음으로, 통합적 마케팅 커뮤니케이션IMC, integrated marketing communication이란, 소비자와 커뮤니케이션할 때, 시너지 효과를 만들기 위해 촉진 수단을 통합적으로 이용하는 과 정을 지칭하며, 이용 가능한 모든 커뮤니케이션 수단을 명료하고 일관성 있게 관리하는 것을 말한다. [그림 9-2]는 촉진, 촉진 믹스, 통합적 마케팅 커뮤니케이션의 관계를 정리 한 것이다.

2 마케팅 커뮤니케이션 과정

일반적인 마케팅 커뮤니케이션 과정은 [그림 9-3]과 같이 간단히 설명할 수 있는데, 이 를 커뮤니케이션 과정 모델이라고도 한다.

발신자sender란 메시지를 보내는 당사자 또는 정보원을 말하며, 부호화encoding는 메시 지를 효과적으로 전달하기 위해 메시지의 내용을 문자, 그림, 소리, 상징 등을 이용하여 시각적, 청각적, 언어적 부호화 또는 상징화하는 것을 말한다. 커뮤니케이션 경로commu- nication channel는 메시지를 전달하는 경로로, 구전word of mouth 등과 같은 인적 매체와

---

1. 필립 코틀러, 마케팅관리론(Marketing Management 11판), 도서출판 석정, 2004년, p.799. 필립 코틀러는, 흔히 사용하는 마케팅 커뮤니케이션 수단을 광고, 판매 촉진, 공중관계 및 홍보, 인적 판매, 직접 및 상호작용 마케팅의 5가지로 분류하였 는데, 직접 마케팅에는 카탈로그, 우편, 전화 마케팅, 전자식 쇼핑, TV 쇼핑 등이 해당한다고 기술함

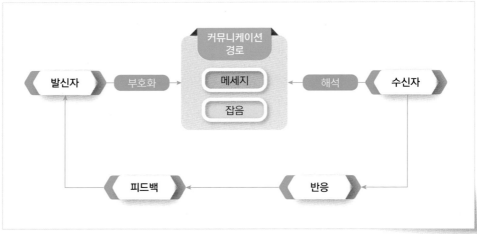

🔵 그림 9-3 커뮤니케이션 과정 모델

TV, 라디오, 신문, 잡지 등과 같은 비인적 매체로 구분된다. 해석coding은 메시지를 수신자가 해석하는 과정을 지칭하며, 수신자receiver는 메시지를 전달받는 당사자로 전달된 메시지를 해석하고 의미를 부여한다. 피드백feedback이란 수신자의 반응이 발신자에게 다시 전달되는 것을 말하며, 반응response이란 메시지에 노출된 후 수신자가 가지는 인지적, 감정적, 행동적 반응을 일컫는데, 인지적 반응은 메시지가 주장하는 내용에 대한 신념을 형성하는 것을 말하며, 감정적 반응은 신념을 기초로 대상에 대해 가지는 호의적, 비호의적 감정을 가지는 것을 일컬으며, 행동적 반응이란 이러한 감정적 반응에 따라 소비자가 실제 구매 행동을 하는 것을 말한다. 잡음noise이란 원래의 의도와 다르게 수신자에게 전달되는 여러 가지 방해 요소를 말하는데, 이는 주변 소음, 전달 매체 문제, 타인과의 대화 등과 같은 외적 잡음, 수신자의 피로, 긴장, 부정적 감정 등과 같은 내적 잡음으로 구분할 수 있다. 특히, 잡음은 정보를 수집하는 과정에서 가장 핵심적인 문제이기도 하다[2].

3 마케팅 커뮤니케이션 전략 수립

촉진 믹스를 적절하게 잘 조정하고 통합하여 효과적인 커뮤니케이션을 할 수 있도록 마케팅 커뮤니케이션 전략을 수립하여야 한다. 마케팅 커뮤니케이션 전략을 수립하는

상황분석

커뮤니케이션 목표 설정

커뮤니케이션 예산 책정

커뮤니케이션 메시지 선택

커뮤니케이션 믹스 결정

커뮤니케이션 전략의 평가 및 통제

🔺 그림 9-4   마케팅 커뮤니케이션 전략 수립과정

과정은 [그림 9-4]와 같다.

첫 번째 단계는 상황분석이다. 이 단계에서는 표적시장 고객, 제품수명주기, 구매의 사결정 단계, 마케팅 믹스 등을 고려한다. 이미 표적시장 마케팅 전략에서 언급했지만, 마케팅의 표적시장 고객을 결정해야 하는데, 마케팅 조사나 시장 세분화를 통하여 현재 혹은 잠재 소비자나 중간상이 그 대상이 되는 것이다. 제품수명주기product life cycle는 앞서 살펴본 것과 같이 도입기, 성장기, 성숙기, 쇠퇴기의 4단계로 나누어지는데, 각 단계별 마케팅 활동이 다소 차이가 있다. 도입기에는 소비자에게 제품의 정보를 제공하고, 출시를 인지시키는 것이 마케팅의 주요 활동이 된다. 성장기에는 소비자의 제품이나 서비스 구매를 적극적으로 설득시키는 것이 주요 활동이 되고, 성숙기에는 제품이 아직 존재한다는 사실을 고객에게 회상시키는 것이 주요 활동이 된다. 마지막으로 쇠퇴기에는 경쟁력 없는 제품을 단계적으로 철수시키는 마케팅 활동이 필요하다. 구매의

2. 말콤 그래드웰, 그 개는 무엇을 보았나, 김영사, 2010년, p. 268. 맬콤 글래드웰은, 정보수집의 핵심적 문제는 잡음이라고 정의하고, 언제나 쓸모없는 정보가 쓸모있는 정보보다 많다고 지적함

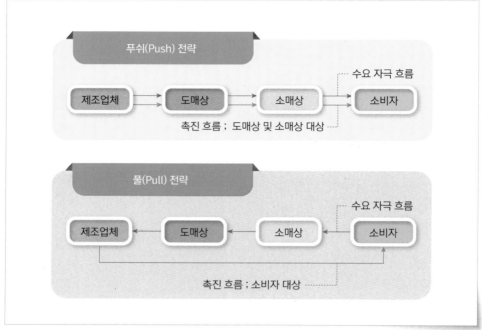

● 그림 9-5　푸쉬(Push) 전략과 풀(Pull) 전략

사결정 단계는 다시 구매 전 단계, 구매 단계, 구매 후 단계로 나누어지는데, 구매 전 단계에서는 소비자에게 제품 정보를 제공하기 위하여 인적 판매보다 광고가 더 유리하다. 구매 단계에서는 인적 판매가 중요하며 판매 촉진은 수요 자극에 유용하다. 구매 후 단계에서는 광고나 인적 판매를 통해 소비자의 인지 부조화를 감소시키고 구매에 대한 확신을 갖게 해야 한다. 마케팅 믹스를 분석하는 단계에서는 마케팅 믹스 4P 중 제품과 관련하여서는 기술적으로 복잡하고 지각된 위험이 큰 제품은 인적 판매가 유리하다. 가격 측면에서는 고가품은 인적 판매, 저가품은 판매 촉진 활동이 효과적이고, 유통 부문에서는 푸쉬Push 전략과 풀Pull 전략 중 선택하여 활용한다. [그림 9-5]은 푸쉬 전략과 풀 전략을 요약 정리한 것이다. 푸쉬Push 전략이란, 제조업체가 유통경로를 통해 소비자에게로 제품을 밀어내는 것을 말한다. 이는 제조업체가 도매상이나 소매상에게 자사 제품이나 서비스를 취급해달라고 협력을 구하는 것인데, 이 경우 판매 촉진이나 인적 판매가 중요한 역할을 한다. 풀Pull 전략이란, 제조업체가 소비자를 자극하고 이를 통해 소비자들이 중간상을 경유하여 자사 제품을 끌어당기는 것을 말한다. 즉, 제조업

🔵 그림 9-6 AIDA 모형

체가 소비자를 상대로 판매 촉진 활동을 하여 소비자들이 중간상을 찾게 만들고, 중간
상이 제조업체의 제품을 구매하도록 하는 것을 말한다. 이 경우 광고나 판매 촉진이 중
요한 역할을 한다.

　다음은 커뮤니케이션 목표 설정 단계이다. 목표는 다양한 기준으로 나눌 수 있겠지만,
여기서는 매출 목표와 커뮤니케이션 효과 목표로 나누어 설명하겠다. 매출 목표는 기업
의 매출액을 기준으로 목표를 설정하는 것을 말하는데, 대부분 기업은 궁극적으로 매
출 증대를 목표로 하기 때문에 많이 채용한다. 이와 관련하여 앞에서 설명한, 투자액에
대한 이익을 나타내는 투자수익율ROI, return on investment 또는 투하자본수익율ROIC, return
on invested capital, 자기자본에 대한 이익을 나타내는 자기자본수익율ROE, return on equity, 회
사의 총자산에 대한 이익을 나타내는 총자산수익율ROA, return on assets 등이 있다. 커뮤니
케이션 효과 목표는 매출액 기준보다 소비자의 반응에 기초하여 목표를 설정하는 것이
다. 즉, 소비자의 자사 제품에 대한 인지도가 증가하였는가 하는 신념 및 태도의 강화
같은 효과를 측정하는 것을 말한다. 이와 관련된 용어로, 매체점유율, 지갑점유율이라
는 개념도 있는데, 매체점유율share of voice이란 특정 산업이나 분야에서 전체적으로 집행
된 광고 지출 비중에서 자신의 기업이 차지하는 비중을 말하며, 지갑점유율share of wallet
은 고객이 소지하고 있는 돈 중에서 자사 상품 구입에 쓰인 돈의 비율을 말한다. 커뮤
니케이션 효과와 관련하여, AIDA 모형이 있다. AIDA 모형은 소비자의 구매 심리 과정
을 4단계로 표현한 것으로, 소비자의 구매 심리를 주의attention, 관심interest, 열망desire,
행동action의 4단계로 구분하는 것이다. [그림 9-6]은 AIDA 모형을 표현한 것이다. 주의

attention는 제품이나 서비스에 대한 소비자의 주의를 끄는 단계이며, 관심interest은 제품이나 서비스에 대해 소비자가 관심을 갖는 단계를 말한다. 열망desire은 소비자가 제품이나 서비스가 이익이나 혜택이 있다고 판단하면 구매하고 싶은 열망이 생기는 단계이며, 행동action은 소비자가 구매에 대한 확신을 갖고 행동을 하는 단계이다. AIDA 모형과 관련하여 AIDMA 모형, AIDCA 모형 등도 있다. 두 모형 다 AIDA 모형을 바탕으로 다소 변경시킨 모형이다. AIDMA은 주의attention, 관심interest, 열망desire, 기억memory, 행동action의 5단계를 말하며, AIDCA는 주의attention, 관심interest, 열망desire, 확신conviction, 행동action의 5단계를 지칭한다.

다음은 커뮤니케이션 예산 책정 단계이다. 예산을 얼마나 사용할지를 결정하는 방법은 크게 하향식 접근방법과 상향식 접근방법으로 구분된다. 먼저, 하향식top-down 접근방법은 회사 최고경영층이 커뮤니케이션 예산을 결정하고 커뮤니케이션 활동별로 예산을 배분하는 것을 말하는데, 이에는 매출액 비율법, 가용자금법, 경쟁사 기준법, 임의할당법 등이 있다. 매출액 비율법은 과거 매출액이나 예상 매출액을 기준으로 예산을 결정하는 방식이고, 가용자금법은 다른 활동에 필요한 자금을 우선 배분한 후, 가용할 수 있는 범위 내에서 예산을 책정하는 방법이다. 경쟁사 기준법은 경쟁사의 예산을 기준으로 자사의 예산을 결정하는 방식이며, 임의할당법은 최고경영자의 경험 등을 바탕으로 예산을 책정하는 방법이다. 상향식bottom-up 접근방법은 먼저 커뮤니케이션 활동별로 비용을 추정한 후 전체 예산을 결정하는 방법으로, 대표적인 것이 목표 과업법이다. 목표 과업법이란, 커뮤니케이션 목표를 정한 후 목표 달성을 위한 활동을 수행하는데 필요한 예산을 책정하는 방법이다. 목표 과업법과 관련하여 많이 활용되는 목표 관리MBO가 있다. 목표 관리MBO, management by objectives는 회사 구성원에게 업무 목표만을 지시하고 그 달성 방법은 회사 구성원에게 맡기고, 구성원 공동으로 목표를 설정한 후 목표 달성 정도를 평가하는 관리 방식이다. [그림 9-7]은 하향식 및 상향식 접근방법을 정리한 것이다.

다음은 커뮤니케이션 메시지 선택 단계이다. 이 단계에서는 무엇을 전달할 것인가메시지 내용, 메시지 내용은 어떤 방식으로메시지 구조, 어떤 상징을 활용하여메시지 형태 표현할 것인가를 결정한다. 메시지 내용에는 소비자를 설득하는 여러 가지 방안, 즉 소구점을 포함하여야 하는데, 이에는 제품의 실용적, 기능적 욕구에 초점을 두고 제품의 특성이나 편익을 강조하는 이성적 소구rational appeals, 제품 자체보다는 이미지를 중시하여 심리적 욕

🔵 그림 9-7 하향식 접근방법 및 상향식 접근방법

구에 초점을 두는 감성적 소구emotional appeals, 사회적으로 바람직하다고 생각하는 것에 기업의 이미지를 연결시키는 도덕적 소구moral appeals 등이 있다. 메시지 구조는 메시지의 결론을 내릴 것인가, 메시지 결론을 앞부분 혹은 뒷부분에 제시할 것인가, 메시지의 긍정적 면, 부정적 면을 동시에 제시할 것인가 등을 결정하는 것이다. 메시지 형태는 메시지를 표현하는 양식을 말하는 것으로 메시지를 효과적으로 전달하는 방법을 결정하는 것이다. 예를 들어, TV 광고 모델의 의상, 헤어 스타일 등에 주의를 기울여 광고를 만들어 내보는 것을 말한다. 또한, 인쇄물의 경우는 표제어, 카피, 도안 및 색상 등에 주의를 기울여야 한다.

커뮤니케이션 믹스 결정 단계는, 마케팅 커뮤니케이션 활동을 위한 수단들의 집합인 커뮤니케이션 믹스communication mix를 결정하는 것을 말한다. 마케팅 커뮤니케이션 수단 즉, 촉진 믹스에는 크게 광고, 판매 촉진, PRpublic relations, 인적 판매가 있다. 광고advertising는 광고주가 대가를 지불하고, 제품, 서비스, 아이디어 등을 비인적 매체를 통하여 소비자들에게 널리 알려, 소비자의 구매를 설득, 유인하기 위한 활동을 말한다. 판매 촉진

sales promotion은 소비자나 중간상을 대상으로 판매를 증진시키기 위한 활동으로, 비인적 촉진 수단인 샘플 제공, 쿠폰, 경품, 점포 내 진열, 세일, 전시회 등의 활동을 말한다. PRpublic relations은 언론 등 비인적 매체를 통하여 지역사회나 단체 등과 우호적 관계를 형성하고 유지하는 기업의 활동을 말한다. 인적 판매personal selling는 판매원이 고객에 직접 접촉하여 제품이나 서비스의 정보를 제공하고 구매를 설득하는 것을 말한다. 마케팅 커뮤니케이션 믹스에 대해서는 추후에 다시 자세히 설명하도록 하겠다.

마지막으로 커뮤니케이션 전략의 평가 및 통제 단계이다. 이 단계는 커뮤니케이션 프로그램을 모니터링하고 평가하고 통제하는 것을 말한다. 마케팅관리자는 항상 커뮤니케이션 과정을 실행 후, 반드시 그 효과를 측정하고 문제점이 있으면 수정, 보완하여 다음 마케팅 커뮤니케이션 전략에 반영하여야 한다.

 2. 광고

1 광고의 개념

광고advertising란 광고주가 표적 고객에게 자사 제품이나 서비스에 대한 정보를 제공하여 표적 고객을 설득하고 유인하기 위해, 일정한 대가를 지불하고 대중 매체를 이용하는 비인적 커뮤니케이션 과정을 말한다. 마케팅 커뮤니케이션 믹스의 대표적인 수단이자 방법이다. 이러한 광고는 일정한 광고비를 지불하고 광고에 대한 통제력을 소유한다. 아울러, TV, 라디오, 신문, 잡지 등과 같은 대중 매체를 이용하는 매스 커뮤니케이션mass communication이라는 점에서, 직접 고객과 대면하는 인적 판매와 구분된다. 또한, 광고물에 반드시 광고주를 명시한다.

2 광고 유형

광고에는 다양한 유형이 있다. 우선, 제품 광고와 기업 광고가 있는데, 제품 광고는 특정 제품을 소비자에게 소개하여 소비자의 구매를 유발하는 광고를 말한다. 기업 광고는

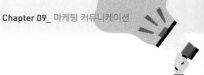

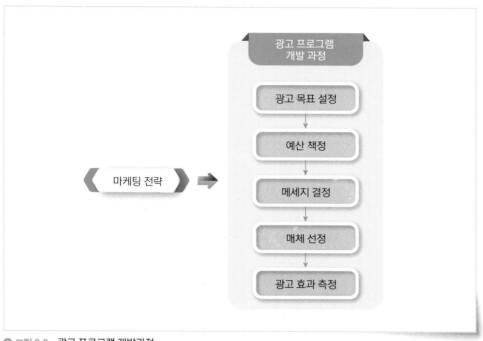

⬤ 그림 9-8 광고 프로그램 개발과정

제품보다 기업의 비전, 사회에 대한 기여, 선행 등을 광고하는 것으로, 기업에 대한 호의적 이미지를 만드는 것이 주목적으로 PRpublic relations이라고도 한다. 또한, 마케팅담당자들이 광고 전략의 일환으로 이용하는 광고 유형이 있다. 먼저, 비교광고comparative advertising는 경쟁 브랜드를 직간접적으로 비교하는 광고로 광고 메시지를 강조하여 소비자를 설득하는 것이다. 대표적인 예가 콜라 전쟁이라고 불리는 펩시콜라Pepsi Cola와 코카콜라Coka Cola의 비교광고이다. 유명인 광고cerebrity advertising도 있는데, 이는 유명인을 광고에 이용하는 것으로 광고 메시지의 효과를 향상시키기 위해 이용하는 보편적 방법이다. 쌍방향 광고interactive advertising도 있는데, 이는 메시지 수용자가 능동적으로 광고 과정에 참여하는 것으로, 커뮤니케이션 경로를 통해 쌍방향으로 메시지를 주고받는 광고이다. 공동광고cooperative advertising는 서로 다른 기업의 상품이나 서비스를 하나의 광고로 표현하는 것으로, 광고비를 절약하고, 상호 간 브랜드의 장점을 공유하는 시너지 효과를 기대할 수 있는 광고이다.

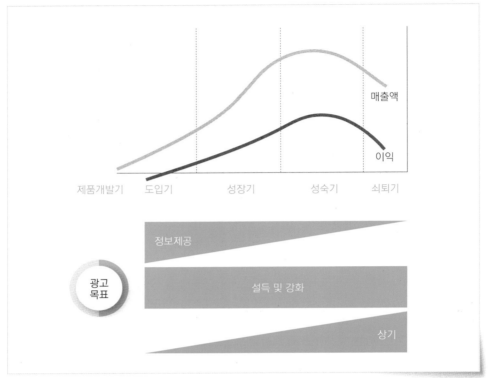

△ 그림 9-9   제품수명주기와 광고 목표

3 광고 프로그램 개발과정

마케팅관리자는 표적시장에 적합한 광고 프로그램을 개발하기 위하여 몇 단계의 의사결정 과정을 거치게 된다. [그림 9-8]은 이러한 광고 프로그램 개발과정을 정리한 것이다.

기본적으로 앞에서 설명한 마케팅 커뮤니케이션 전략 수립과정과 유사한 의사결정 과정을 거친다. 먼저, 광고 목표 설정 단계이다. 이는 어떤 목표를 위하여 광고를 이용하느냐에 따라 구분할 수 있는데, 예를 들어, 정보 제공 광고인 경우, 소비자의 구매 욕구를 파악하여 기본적 수요를 만들어 내는 것이 목표인 경우로 제품의 특징이나 기능을 강조하는 광고이다. 설득 광고인 경우, 여러 제품 중 자사 제품을 선택하는 수요를 증가시키는 것이 목적으로 주로 비교광고를 이용한다. 상기 광고는 자사의 제품에 대한 소비자 인식을 지속시키는 것이 목적이고, 강화 광고는 소비자가 선택한 제품이 올바른 선택이라는 확신을 갖게 하는 광고로, 소비자가 제품 구매에 만족하는 모습을 보여주는 광고가 대표적인 광고이다. 이러한 광고를 제품수명주기와 연결하여 설명할 수 있는데 [그림 9-9]는 이를 정리한 것이다. 정보 제공 광고는 소비자들이 자사 제품에 대하여 잘 인식하지 못하는 단계인 도입기에 효과적이며, 상기 광고는 소비자들이 자사 제품을 잊어가는 단계인 쇠퇴기에 효과적이다. 설득 및 강화 광고는 제품수명주기 전과정에서 효과적일 수 있다.

다음 예산 책정 단계에서는 여러 가지 요인들을 고려하여야 한다. 우선, 제품수명주기상의 신제품은 도입기에 많은 예산이 필요하다. 시장점유율이 높은 제품은 시장점유율 유지에 상대적으로 적은 광고 예산이 필요할 것이지만, 시장규모가 커지면 시장점유율 구축을 위해 많은 광고비가 필요할 것이다. 경쟁 정도도 예산 책정에 영향을 미치는데, 경쟁이 치열하면 경쟁사보다 우위를 점하기 위해 많은 광고 비용이 필요하다. 또한, 광고 빈도 즉, 광고의 반복 회수도 광고비 책정에 중요하다. 제품 차별화 정도도 광고 예산에 영향을 미치는데, 차별화되지 않을수록 광고비를 과다 지출하게 된다. 광고 예산 책정 방법은 앞에서 설명한 커뮤니케이션 예산 책정 방법인 매출액 비율법, 가용자금법, 경쟁사 기준법, 임의할당법, 목표 과업법 등이 있다.

메시지 결정 단계에서는 효과적 메시지를 만들기 위한 다양한 활동이 필요한데, 이는 앞서 설명한 소구 유형인 이성적 소구, 감성적 소구, 도덕적 소구를 그대로 적용하여 광고 메시지를 표현한다. 또한, AIDA 모형에 따라 메시지를 집행하여야 한다. 이러한 메시지의 집행 스타일은 일상생활의 단면, 라이프스타일, 환상, 무드, 상징적 인물, 전문성, 과학적 증거, 유머 등 다양한 형태가 있다.

매체 선정 단계에서는 광고 매체의 도달 범위, 빈도 및 효과 강도와 같은 요인을 고려하여야 한다. 도달 범위reach는 광고 매체가 어느 정도%의 표적 고객에게 광고가 도달되도록 할 것인가 결정하는 것을 말하며, 빈도frequency는 표적 고객에게 평균 몇 회 정도 광고 메시지를 노출시킬 것인가를 결정하는 것이며, 보통 노출 회수라고도 한다. 효과 강도impact는 노출되는 광고 메시지의 계량적 가치가 어느 정도인가를 의미하는 것으로, 즉 메시지를 잘 표현해 전달하는가를 평가하는 것이다. 광고 매체를 선정하는 구체적 방법으로 CPMcost per mille이 있는데, 이는 광고 비용을 측정하는 모델의 한 종류로 1,000명 또는 1,000가구에 광고 메시지를 전달하는 데 소요되는 비용을 의미한다. 주

광고 매체	장점	단점
신문	• 독자층이 광범위 • 많은 정보 제공 가능 • 신뢰성이 높음	• 수명이 짧고 회독률이 낮음 • 다른 광고물과 혼합 • 재현 능력이 떨어짐
잡지	• 특정 소수고객에게 소구 • 긴 광고 수명, 반복 광고 가능 • 신뢰성과 회독율이 높음	• 광고 비용이 비쌈 • 광고 게재 대기 시간이 긺
TV	• 빠른 전달력, 주의력 집중이 강함 • 광범위한 고객층 확보 용이 • 시각적, 청각적 메세지 전달 가능	• 과다한 광고비, 과당 경쟁 • 표적 고객 선별이 어려움 • 노출시간이 짧음
라디오	• 적은 광고 비용 • 빠른 전달력, 지역적 선별 용이	• 청각적 메세지의 한계 • 낮은 집중도 및 짧은 메세지 수명
옥외광고	• 반복 노출 가능, 낮은 비용 • 지역적 선택성, 높은 거시성 • 낮은 경쟁	• 표적 고객 선별이 어려움 • 창의적 메세지 전달 한계
우편	• 표적 고객 선별이 가능 • 적은 광고비 • 광고 효과 측정이 용이	• 개인당 높은 광고 비용 • 광고 쓰레기 조장 가능성
케이블TV	• 표적 고객에 대한 정확한 메세지 전달 • 메세지 광고 제작 가능 • 적은 광고비	• 낮은 시청율 • 잦은 채널 변경
인터넷	• 쌍방향 커뮤니케이션 가능 • 광고량, 시간에 대한 제약이 없음 • 저비용의 다양한 정보를 빠르게 전달	• 관심없는 분야의 광고에 대한 부정적 시각 • 지속적인 부가적 흥미 유발의 필요성

○ 표 9-1　주요 광고 매체의 특징

구분	사전 테스트	사후 테스트
커뮤니케이션 효과	• 직접 평가 • 포트폴리오 테스트 • 실험실 테스트	• 화상 테스트 • 재인 테스트 • 의견 조사법
매출 효과	• 시장 실험법	• 통계 기법

○ 표 9-2　광고 효과 측정 방법

요 광고 매체의 특징을 정리한 것이 [표 9-1]이다.

마지막으로 광고 효과 측정 단계이다. 이는 광고 효과가 광고 목표를 어느 정도 달성하였는가를 측정하는 단계로, 광고 효과를 측정 방법에는 여러 가지가 있다. [표 9-2]는 이를 정리한 것이다. 앞에서 커뮤니케이션 목표 설정에서 매출 목표와 커뮤니케이션 효과 목표를 설명하였는데, 광고 효과도 커뮤니케이션 효과와 매출 효과가 있다. 커뮤니케이션 효과는 광고가 얼마나 효과적으로 소비자들에게 전달되었는가를 말하는 것이며, 매출 효과는 광고가 제품의 매출 증가에 얼마나 기여하였는가를 측정하는 것이다. 커뮤니케이션 효과를 측정하는 방법으로, 사전 테스트는 광고를 시행하기 전에 광고에 대하여 평가하는 것으로, 이에는 소비자나 광고 전문가에게 광고를 제시한 후 광고에 대하여 질문하고 대답을 듣는 방법인 직접 평가, 소비자들에게 여러 광고물을 나누어 주고 필요한 시간만큼 보고 듣게 한 후 기억을 테스트하는 것으로, 보고 들었던 광고에 대한 내용을 상기하도록 요구하는 방법인 포트폴리오 테스트, 광고에 대한 심리적 반응을 알기 위해 과학적 장비를 사용하여 소비자의 맥박, 긴장도 등을 측정하는 방법인 실험실 테스트 등이 있다. 사후 테스트는 실제 광고를 시행한 후 광고 효과를 측정하는 것으로, 회상recall 테스트는 소비자들에게 광고에 대하여 가능한 많은 것을 기억해 내도록 한 후 이를 점수화하는 것을 말하고, 재인recognition 테스트는 소비자들의 기억보다 인지를 바탕으로 한 구별능력에 초점을 두고 광고 효과를 측정하는 방법이다. 의견 조사법은 소비자들에게 광고를 시행한 후 흥미 있는 광고 등으로 광고에 대해 순위를 매기게 하는 방법이다. 매출 효과 측정 방법에는 시장 실험법과 통계 기법이 있는데, 시장 실험법은 광고 시행 전에 지역별로 광고 예산을 다르게 책정한 후 지역별 매출 변화를 시험적으로 측정하는 것이며, 통계 기법은 실제 광고 시행 후 광고로 인한 지역별 매출 변화를 통계적으로 측정하는 것이다.

3. 판매 촉진

1 판매 촉진의 의미

판매 촉진sales promotion이란, 소비자의 구매동기를 직접 자극하여 즉각적으로 구매를

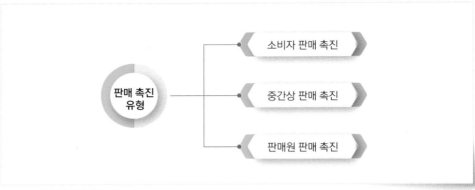

△ 그림 9-10 판매 촉진 유형

유인하거나, 또는 유통경로의 중간상을 지원하거나 자극하여 마케팅 활동의 효율성을 제고하는 활동을 말한다. 판매 촉진은 장기적인 활동이 아닌 대부분 단기적 수단으로 활용하고 있다. 이러한 판매 촉진의 목적은 신제품을 시험적으로 구매하거나 재구매하도록 유도하며 기존 브랜드 제품에 대한 구매량을 증대시키는 것이다. 또한, 기존 고객을 유지하고 자사 제품의 거래를 활성화하기도 한다. 판매 촉진의 효과는 긍정적 효과와 부정적 효과가 있는데, 먼저 긍정적 효과로는, 신규 고객의 시험 구매를 유발하고 기존 고객의 구매량을 증대시켜 매출액을 증가시킬 수 있다. 또한, 광고와는 달리 비용 부담이 상대적으로 적어 상황에 따라 신축적으로 활용할 수 있다. 부정적 효과로는 판매 촉진을 자주 하게 되면 브랜드의 이미지 및 제품의 신뢰도가 하락할 수 있고, 중간상을 대상으로 하는 경우, 자주 하면 습관화가 되어 판매 촉진이 없으면 잘 움직이지 않을 수 있고, 지나치게 사전 구매가 많을 경우 과잉 재고로 암시장에 구매한 제품을 유통시키는 등의 부작용이 일어날 가능성도 있다.

2 판매 촉진의 유형

판매 촉진 주체는 크게 제조업자와 소매상으로 나눌 수 있으며, 판매 촉진 대상은 소비자, 중간상, 제조업체가 직접 고용한 판매원으로 구분할 수 있다. 판매 촉진 유형을 정리하면 [그림 9-10]과 같다.

먼저, 소비자 판매 촉진이다. 소비자 판매 촉진을 위한 수단에는 가격 할인, 쿠폰, 리베이트, 보너스 팩 등과 같은 가격 수단으로 하는 방법과, 프리미엄, 샘플, 경연 및 경품, 로얄티 프로그램, POP 디스플레이, 시연회 등과 같은 비가격 수단으로 하는 방법이 있다. 가격 할인price-off, 또는 price discount은 일정한 기간 동안에 일정 비율로 제품의 가격을 할인하는 것이다. 일상적으로 가장 많이 사용하는 판매 촉진 수단이다. 이는 단기적으로 제품의 매출액을 증가시킬 수 있고 재고를 처분하여 재고 유지 비용도 감소시킬 수 있다. 다만, 장기적으로 빈번하게 가격 할인을 할 경우, 정상 가격에 대한 신뢰가 깨지고 브랜드에 대한 부정적인 이미지를 낳을 수 있다. 쿠폰coupon은 쿠폰 소지자에게 쿠폰에 표시한 가격 할인, 현금 적립, 선물 제공 등의 혜택을 주는 것으로, 신제품을 시용하게 하거나 반복 구매를 유발하거나 경쟁사의 고객을 유인하는 목적으로 활용한다. 쿠폰은 1894년 코카콜라가 처음 발행하였으며, 미국의 경우 매년 3천억 달러 정도 발행되고 실제는 1~2% 정도 사용되고 있다. 쿠폰이 중요한 점은 더 저렴한 대체재로 소비자가 돌아서지 않게 하는데 있다. 리베이트rebate는 일정 기간에 제품을 구매한 증명으로 영수증 등을 제시하면 제품 가격의 일부를 환불하는 것으로, 소비자의 반복 구매, 다량 구매, 조기 구매를 유인하거나 경쟁사 고객을 자사 브랜드로 전환시키는 것을 목적으로 활용한다. 보너스 팩bonus pack은 관련된 제품 여러 개를 하나의 세트로 묶어 저렴하게 판매하거나, 같은 제품을 덤으로 더 많은 수량이나 용량을 담아 같은 가격으로 판매하는 것을 말한다. 소비자의 다량 구매, 조기 구매를 유발하기 위하여 활용한다. 프리미엄premium은 추가로 제공하는 사은품이나 기념품을 가리키는데, 자사 제품 구매자에게 다른 제품을 무료로 제공하거나 할인된 가격에 구입할 기회를 제공하는 것을 말한다. 기업과 제품의 이미지를 개선하고 호의적인 태도를 형성하며 브랜드 충성도도 높일 수 있다. 프리미엄은 제공 방식에 따라, 특정 제품을 구매하면 다른 제품을 무료로 제공하는 무료 프리미엄, 소비자가 프리미엄의 일부 또는 전체 비용을 부담하는 소비자 부담 프리미엄, 자사 제품을 새로운 고객에게 소개할 경우, 고객에게 제공하는 프리미엄인 소개식 프리미엄 등이 있다. 프리미엄과 관련하여 또 다른 프리미엄freemium이 있다. 이는 프리free와 프리미엄premium의 합성어로 기본 서비스는 무료로 이용할 수 있도록 하고, 부가 서비스나 고급 서비스는 유료화하는 것을 말한다. 대표적인 예가 이동통신 요금제에

서 전화, 음성, 문자 등의 기본적인 혜택은 무료로 제공하고, 데이터 사용과 같은 부가적인 서비스에는 요금을 부과하는 것이다. 샘플sample은 견본품이라고도 하는데, 제품을 소량으로 포장하여 무료로 소비자에게 나누어 주는 것으로 신제품의 판매 촉진 수단으로 적합하다. 대표적인 예가 화장품 샘플이 있다. 경연contest이란 기업이 주관하는 대회에 소비자가 참여하여 경쟁을 통하여 선정되면 사은품이나 상금을 받는 것이며, 경품sweepstake은 응모자를 대상으로 추첨하여 당첨자를 선정하고 당첨자에게 사은품을 증정하는 것이다. 로열티 프로그램loyalty program은 고정 고객 우대 프로그램과 같이 자주 구매하는 고객을 대상으로 구매 금액이나 구매량에 비례하여 마일리지를 적립하고, 소비자는 누적 마일리지를 이용하여 가격을 할인받거나 다른 제품을 구매하는 것을 말한다. 소비자 충성도를 높이는 효과가 커서 항공사, 신용카드사 등에서 많이 활용한다. 실제 마일리지 프로그램FFP, frequent-flyer program은 항공편을 빈번하게 이용하는 고객의 브랜드 충성도를 확보하기 위하여 항공사에서 처음 도입한 제도이다. POPpoint-of-purchase 디스플레이란, 구매 시점에서 눈에 잘 보이고 고르기 좋으며 만지기 좋게 하는 각종 장치나 진열 방식으로, 충동구매를 유발하는 것을 말하는데, 대표적인 예가 대형마트의 계산대 근처에 제품 포스트를 부착하여 놓거나, 건전지, 사탕 등을 진열해 놓는 것이 있다. 시연회demonstration는 소비자를 초청하여 제품을 직접 보여주거나 제품 사용법과 특이점을 보여주고 설명하는 것을 말하는 것으로, 소비자의 구매 의욕을 자극할 수 있다.

다음으로 중간상 판매 촉진이다. 중간상 판매 촉진 수단으로는 중간상 공제, 대금 지불 조건 완화 및 판매 장려금, 판촉물 제공 및 판매사원 파견 등이 있다. 중간상 공제trade allowances는 중간상이 제조업체의 제품을 취급하거나 대량으로 구매하거나 제품을 광고하거나 POP 디스플레이를 한 경우, 그에 대한 대가로 상품 대금 일부를 공제하거나 별도로 현금을 지불하는 것을 말한다. 이에는 일정 기간 동안 자사 제품을 일정한 수량 이상으로 구매한 중간상에게 구매 금액의 일부를 공제하거나 일정 비율의 제품을 무료로 제공하는 구매 공제buying allowances, 신제품의 공급망, 창고 공간, 진열 공간 등 확보를 위해 신제품을 취급해주는 대가로 대금 일부를 공제해주는 입점 공제slotting allowances, 중간상이 제조업체를 대신하여 광고나 판매 촉진 활동을 한 경우 지급하는 지원금인 촉진 공제promotional allowances, 일정 기간 특별코너에 자사 제품을 진열해 주는 대가로 대금 일부를 공제해주는 진열 공제display allowances 등이 있다. 대금 지불 조건 완화 및 판매

장려금에서, 대금 지불 조건 완화는 제조업체가 중간상에게 외상 기간을 연장해 주거나, 기일 내 대금을 지불하는 경우 할인해 주는 등 대금 지불 조건을 완화해 주는 것이며, 판매 장려금sales incentive은 중간상에게 판매 목표를 부여한 후 목표를 초과 달성하는 경우, 장려금을 지급하는 것을 말한다. 판촉물 제공 및 판매원 파견은 제조업체의 브랜드가 부착된 펜이나 달력 등 판촉물을 중간상에게 무료로 나누어 주거나, 판매 도우미를 소매상에 파견하는 것을 말한다.

마지막으로 판매원 판매 촉진이다. 이는 판매원의 동기를 부여하는 프로그램 일부로, 판매원의 적극적 판매를 위해 인센티브를 제공하는 것이다. 대표적인 예로 보험회사의 경우, 이달의 판매원상, 현금 보상, 해외여행 티켓 제공 등을 들 수 있다. 하지만, 판매원 판매 촉진은 단발성으로 하는 것은 상당한 효과가 있으나, 장기적으로 지속할 경우 장기적인 관계 형성보다 단기적 매출액에 연연할 가능성이 있는 문제점이 있다. 특히, 영업사원의 이직률이 20~25%에 이르는 점을 감안한다면, 판매원 촉진 수단에 대한 신중한 접근이 필요하다.

4. PR

1 PR의 의미

PRpublic relations은 홍보와 동의어로 사용되나 홍보는 PR보다 범위가 훨씬 좁은 것으로, 홍보publicity는 비용의 지불 없이 대중 매체를 통해 기사, 뉴스 등의 형태로 기업이나 제품의 정보를 전달하는 것을 말한다. 하지만, PR은 홍보 활동뿐만이 아니라 제품이나 기업과 직간접적인 이해관계자, 즉, 소비자, 종업원, 공급업체, 주주, 정부, 일반 대중, 시민단체 등에게 영향을 미쳐서 호의적 관계를 형성하는 커뮤니케이션 활동을 말한다. 일반적으로 이해관계자는 stakeholder라고 하며, 주주인 shareholder와 구별된다. 이러한 PR은 다시 마케팅 PRMPR과 기업 PRCPR로 구분할 수 있는데, 마케팅 PRMPR, marketing public relations은 기존 고객 중심의 마케팅 목표를 지원하는 PR을 의미하는 것으로, 신

문, 강연회, 뉴스, 전시, 이벤트 등을 통해 메시지를 전달하여, 제품 및 서비스에 대한 인지도를 향상시키고 소비자의 이해와 신뢰를 형성하여 구매 동기를 부여하는 것을 목표로 한다. 기업 PRCPR, corporate public relations은 기업과 일반 대중과의 관계를 의미하는 PR로, 일반 대중에게 기업의 긍정적인 메시지를 전달하여 기업에 대한 호의적 이미지를 형성하는 것을 목표한다.

2 PR의 유형

PR의 유형은 이해관계자들과의 관계에 따라 몇 가지로 분류할 수 있다. 먼저, 언론매체 관계로 이는 여론 형성에 매우 중요한 역할을 하는데, 기자회견, 뉴스 보도자료 등을 통해 정보를 제공하여 기업에 대한 호의적인 관계를 형성하기 위하여 노력하는 것을 말한다. 직원 관계는 조직 내부 구성원의 만족을 위하여 노력하는 것을 말하는데, 고객을 상대하는 직원들을 대상으로 하는 마케팅인 내부 마케팅internal marketing 차원에서도 중요성이 커지고 있다. 수단으로는 사내 방송, 사보, 사내 게시판, 인트라넷, 설문 조사, 아이디어 제안함 등을 활용한다. 재계 관계는 기업의 자금 문제에 영향을 미치는 은행, 투자회사, 증권회사, 주주, 애널리스트 등과의 관계로, 이들에게 재무 관련 정보 등을 제공함으로써 우호적인 관계를 유지하여야 한다. 기업 관계는 기업 이미지와 평판 관리를 의미하는 것으로 사회적 마케팅과 관련된 캠페인 활동 등을 하는 것이다. 정부 관계는 정부의 정책과 각종 법률 등은 기업 활동에 커다란 영향을 미치기 때문에 정부와의 관계도 우호적으로 유지하여야 한다. 이를 위하여 합법적 로비 등을 통하여 정부와의 원활한 관계를 형성하고 유지한다. 지역사회 관계는 기업이 위치한 지역의 환경에 관심을 두고, 지역사회 활동에 적극적으로 참여하여 지역 시민단체 등과 우호적인 관계를 유지할 필요가 있다. 또한, PR을 기업의 내부 및 외부 이해관계자에 따라 구분할 수 있는데, 먼저, 기업 내부 이해관계자 대상 PR은 종업원, 유통업자, 공급업자와 같은 기업 내부 이해관계자를 대상으로 사보, 사내 방송, 사내 게시판, 인트라넷, 아이디어 제안, 설문 조사 등의 수단으로 PR을 하는 것을 말하며, 기업 외부 이해관계자 대상 PR은 소비자, 언론매체, 정부 기관, 소비자 단체, 금융기관 등과 같은 기업 외부 이해관계자를 대상으로 신제품 설명회, 특별 이벤트, 기업 블로그, 설문 조사 등의 수단으로 PR을 하는 것을 지칭한다. [표 9-3]은 이를 정리한 것이다.

구분	이해관계자	PR 수단
기업 내부 이해관계자 대상 PR	• 종업원 • 유통업자 • 공급업자	• 사보 • 사내 방송 • 사내 게시판, 인트라넷 • 아이디어 제안 • 설문 조사
기업 외부 이해관계자 대상 PR	• 소비자 • 언론매체 • 정부기관 • 소비자 단체 • 금융기관	• 신제품 설명회 • 특별 이벤트 • 기업 블로그 • 설문 조사

⬥ 표 9-3   기업 내부 및 외부 이해관계자 대상 PR 수단

⬥ 그림 9-11   PR 계획 수립과정

3 PR 계획 수립과정

PR 계획도 효과적인 관리를 위하여 몇 가지 단계를 거쳐서 수립한다. [그림 9-11]은 PR 계획 수립과정을 정리한 것이다.

상황 분석은 PR 수립 첫 단계로, 여론 조사 등을 통하여 현재 상황을 정확히 파악하고 분석하는 것이다. 이 단계에서는 소비자나 이해관계자의 의식과 태도를 조사하고 분석하는데, 이를 위하여 매체별 보도 기사를 수집하여 분석하거나 인터뷰나 설문 조사 등을 실시한다. PR 계획 수립은 상황을 분석한 후 PR 목표를 설정하고 기대 효과를 제시한 상태에서 계획을 수립하는 것이다. PR 목표는 인지도 및 신뢰도 제고, 중간상 및 판매원 지원 등이 있으며, 구체적이고 측정 가능해야 한다. PR 계획은 마케팅 수단들과

결합하여 일관성 있게 수립되어야 한다. PR 프로그램 개발 및 실행에서는 표적 고객을 결정하고 커뮤니케이션 목표를 설정하며 PR 메시지를 작성하고 매체를 선정하는 것을 모두 포함한다. 주요 실행방법은 언론 보도, 기자 회견, 특정 매체 독점 보도, 인터뷰 등이 있는데, 신제품 개발, CEO 인터뷰, 임직원 사회봉사 활동 등을 통하여 지속적으로 우호적인 이미지를 형성하고 관리하여야 한다. PR 프로그램 효과 측정은 계획된 PR 활동의 실행 정도에 대한 측정, 표적 고객의 메시지 수용도 및 이해도 측정, 대중의 인식, 태도 및 행동 변화 측정 등으로 이루어진다. 언론매체를 통한 자사 관련 기사 등 산출물을 측정하는 경우에는 보도자료 및 책자의 양적 측정, 언론 보도 크기, 시간, 횟수 등으로 효과를 측정한다.

 ## 5. 인적 판매

1 인적 판매의 의미

인적 판매personal selling란 판매원이 고객에게 직접 대면 접촉하여 판매 활동을 하는 것을 말하는데, 이에는 외부 판매와 내부 판매가 있다. 외부 판매outside selling는 판매원이 직접 고객의 직장이나 가정을 방문하여 판매 활동을 하는 것이며, 내부 판매inside selling는 점포에서 판매원이 고객에게 판매 활동을 하는 것을 말한다. 10만여 명의 기업 구매 담당자를 대상으로 한 설문 조사에서, 구매 의사 결정자의 39%가 가격, 품질, 서비스보다 판매원의 영업활동에 의하여 구매를 결정한다고 응답했다.[3] 그만큼 영업, 즉, 인적 판매를 하는 판매원의 역할이 중요하다. 이러한 인적 판매의 장점으로는 우선, 판매원이 고객을 직접 대면하므로 고객에 대한 정보를 정확하게 수집할 수 있다. 또한, 고객의 태도와 행동 변화에 대해 유연하고 즉각적으로 대응할 수 있으며 고객 특성에 맞는 다양한 판매 촉진 수단을 활용하여 구매 가능성을 높일 수 있다. 고객 앞에서 직접 시연을 통해 구매자의 빠른 평가와 반응을 유도할 수 있으며 고객과의 강한 신뢰 관계도 구축할 수 있다. 하지만, 단점도 있다. 우선 인적 판매는 비용이 많이 소요된다. 또한, 판매

판매 전 준비

잠재고객 파악

접근

판매 제안 및 설득

판매 종결

사후 관리

🔵 그림 9-12 인적 판매 과정

원의 메시지 전달이 일관성을 결여하거나 불일치할 가능성도 있다. 한정된 시간 내 대면할 수 있는 고객의 수가 제한적이며 판매원의 교육도 지속적으로 이루어지기 어렵다.

2 인적 판매 과정

인적 판매 과정을 정리하면 [그림 9-12]와 같다.

판매 전 준비에서는 판매원이 제품, 시장, 판매 기법 등을 파악하고, 고객 대면 전에 표적 시장의 욕구, 필요, 동기 유발, 구매 행동 등에 대해서도 이해하고 있어야 한다. 또한, 경쟁업체의 특성과 기업 환경 등에 대한 이해도 필요하다. 잠재고객 파악에서는 잠재 고객에 관한 정보를 수집하기 위해 고객 기록이나 인적 사항 등을 검토하고, 잠재 고객의 인구통계적 특성, 구매행동적 특성 등도 분석하고 이를 바탕으로 적당한 고객 명

---

3. 최용주, 김상범, 영업의 미래, 올림, 2015년, p.4. 최용주 등은, 컨설팅회사 찰리그룹(Chally Group)의 조사 결과를 인용하였는데, 이를 재인용함

단을 작성한다. 잠재고객 파악과 관련하여 '20-4-1 법칙'이라는 것이 있다. 이는 잠재 고객 20명에게 전화를 하면 그 중 4명이 제안서를 받고 최종적으로 1명이 구매계약을 한다는 것이다[4]. 잠재 고객에 대한 마케팅의 성공 확률이 5%라면 계속해야 하는 마케팅 활동이 될 수 있다. 접근에서는 첫 대면부터 고객의 제품 구매를 유도하기보다는 고객과의 친밀한 관계 형성에 노력하여야 한다. 전화, 편지, 문자 정보 등으로 고객의 사전 경계심 허물고 관심을 유발할 수 있도록 하여야 한다. 인적 판매에서 고객과의 친밀감은 여러 가지 형태로 표현할 수 있다. 이러한 친밀감을 물리적 거리에 따라 표현할 수도 있는데, 에드워드 홀Edward T. Hall은 친밀도에 따른 사람과의 거리를 4개로 구분했다. 친밀한 거리는 0~45.72cm, 사적인 거리는 45.72~120cm, 사회적 거리는 120~360cm, 공적인 거리는 360~750cm로 구분했다. 이 구분에 따르면, 고객과의 거리가 가깝고 접촉이 이루어지는 정도의 거리가 고객과의 친밀도를 높일 수 있는 방법이 될 것이다. 판매 제안 및 설득에서는 판매 제안 시 사전에 습득한 고객 특성과 요구에 부합하도록 제품의 필요성, 특징, 차별적 속성 등을 설명하고 설득해야 한다. 신뢰성 있는 객관적 자료를 제시하거나 시험 구매를 권유함으로써 고객의 제품에 대한 위험을 줄이고 구매 상황에 대한 부담을 최소화해야 한다. 판매 종결은 인적 판매에서 가장 어려운 단계로, 적절한 시기에 판매 종결을 하여야 하는데, 구매자가 제품 설명이나 실연에 긍정적일 때가 가장 적절한 시기이며 이때 적극적으로 구매를 유도하여야 한다. 판매 종결과 관련하여 ABCAlways Be Closing 원칙이 있다. 말 그대로 판매원은 항상 판매 종결을 염두에 두고 있어야 한다는 것이다. 판매계약을 체결했다고 거래가 종결되는 것은 아니다. 사후 관리가 필요하다. 사후 관리는 계약 후 제품의 배달 및 설치가 적절하였는지, 구매자가 사용 전 교육을 받았는지 등을 확인하는 것을 포함하여 사후 품질 보증 등으로 지속적으로 판매 후 관리를 하여야 한다.

3 판매 관리

판매 관리sales management는 매출을 극대화하기 위하여 판매원으로 구성된 판매원 조직을 효율적으로 관리하고 통제하는 과정을 말한다. 이를 정리하면 [그림 9-13]과 같다.

계획 수립에서는 판매 목표를 설정하고 목표 달성을 위한 방안을 강구하며 판매 관련 예산을 결정한다. 판매 목표는 정확하고, 주어진 자원으로 실행 가능하여야 하며, 계량

그림 9-13 판매 관리 과정

적으로 측정이 가능하여야 한다. 판매 목표 설정 과정에서는 매출 잠재력을 파악하고 예상 판매액을 예측하며 예상 판매 예산을 작성한다. 판매 예산에는 판매원 보상, 판매 활동비, 판매 보조비용, 관리 비용 등이 포함된다. 판매 목표가 수립되면 각 판매원별 판매 목표가 설정된다. 조직 설계는 판매 계획을 효율적으로 달성할 판매 조직을 설계하는 것을 말한다. 대표적인 조직 설계 방법으로는 지역별 조직, 제품별 조직, 고객별 조직 등이 있는데, 지역별 조직은 판매원이 할당된 지역 내에서 판매 활동을 수행하는 것으로, 비용이 적게 들고 고객 요구에 신속히 대응할 수 있다. 하지만, 취급 제품이 많을 경우 효율성이 떨어질 수 있다. 제품별 조직은 판매원에게 하나 또는 소수의 제품을 전담시키기 때문에 제품에 관한 전문지식 습득이 용이하다. 하지만, 여러 지역을 담당할 경우 비용이 많이 들고 고객이 다양한 제품을 구매할 경우 여러 판매원이 필요하다. 고객별 조직은 고객의 구매량이나 유통경로 등을 근거로 슈퍼마켓, 대형마트, 편의점 등으로 분류하여 업태별로 조직을 구성하는 것이다. 고객 요구에 가장 신속하게 대응할 수 있으나 고객이 넓은 지역에 분포한 경우 비용이 많이 든다. 판매원 개발은 판매원 선발, 교육 및 훈련, 감독, 보상 및 동기 부여 등의 단계를 포함하는 과정으로 이 과정을 거쳐

4. 마이클 달튼 존슨, 영업의 고수는 무엇이 어떻게 다른가, 도서출판 갈매나무, 2014년, p.107. 마이클 달튼 존슨은, 잠재 고객 목록 작성과 관련하여, 20-4-1 법칙을 제시함

한국야쿠르트 '야쿠르트 아줌마'(프레시 매니저)	한국야쿠르트 프레시 매니저가 배송하는 제품들
·출범 1971년 8월 ·인원 1만 1000명 ·하루 활동시간 6.8시간 ·1인당 담당 소비자 수 150~160명 ·주요 활동층 40대 후반 여성 ·10년 이상 장기 근속자 5600여명	·야쿠르트 제품 전체 ·밀키트(meal kit) 브랜드 '잇츠온' ·농협안심한우, 한돈, 쌈야채 ·청정원 고추장, 쌈장 ·종가집 김치 ·본죽 죽 ·팜투 베이비 이유식 ·메디힐 마스크

🔺 그림 9-14 한국 야쿠르트 아줌마   •출처; 한국경제신문, 2019년 10월28일자

서 유능한 판매원을 확보하여 높은 판매성과를 기대할 수 있다. 판매원 선발은 방문해야 할 잠재고객 수, 판매원 1인당 연간 방문 횟수 등을 고려하여 판매원의 수를 결정한다. 판매원 교육 및 훈련은 판매 전략, 표적 시장 등에 대해 교육 및 훈련을 실시하고, 신제품, 시장 동향, 신기술 등 최신 정보와 지식을 습득한다. 판매원에 대한 교육과 관련하여 판매원에 대한 영업 교육 후 1달 이내 교육 훈련 내용의 87%가 무용지물이 된다고 하는 통계도 있다.[5] 특히, 교육 및 훈련 과정에서 판매원의 2가지 능력을 향상시키는 것이 중요하다. 고객의 소리에 귀 기울이는 '듣기 능력'과 자신의 주장을 받아들이게 하는 '설득 능력'을 갖추도록 하여야 한다. 이는 고객의 입장에 서는 '공감 능력'과 자신의 이익을 주장하는 '에고 능력'을 갖추어야 한다는 것을 의미한다. 판매원 감독은 판매 관리자가 판매원을 적절히 관리하고 감독하는 것으로, 판매원의 판매 활동, 잠재고객 발굴, 정보 확보, 판매방법 개발 등도 점검한다. 판매원 보상 및 동기 부여는 판매원에게 동기를 부여하고 판매성과를 증대시키기 위하여 보상하는 것을 말하는데, 보상에는 금전적 보상과 비금전적 보상이 있다. 금전적 보상에는 고정급, 성과와 관계없는 급여, 성과급 등이 있고, 비금전적 보상에는 승진, 칭찬, 보상 휴가, 표창, 해외여행 등이 있다. 마지막으로 판매원 평가는 평가를 통해 성공 요인과 문제 요인을 파악하고 시정 조치를 취하는 것으로, 평가 기준은 객관적 정량적 평가와 주관적 정성적 평가가 있다. 객관적 정량적 평가에는 판매량, 주문량, 1인당 고객 방문 횟수, 직접 판매비 등이 사용되고, 주관적 정성적 평가에는 제품이나 경쟁사 관련 지식, 판매원 시간 관리, 방문 준비, 고객 관

계, 외모 및 건강 관리, 개성과 태도 등이 중요한 평가 요인이다. 이러한 인적 판매의 가장 대표적인 형태가 한국야쿠르트의 '야쿠르트 아줌마'이다. 야쿠르트 아줌마는 한국야쿠르트의 핵심 성공 요인으로 꼽히고 있는데, 야쿠르트 아줌마는 미혼자는 선발하지 않으며 자체적으로 운영하는 원칙도 있다. 이를 전달 5원칙이라고 하는데, 제품은 반드시 손으로 전달한다, 매일 똑같은 시간에 전달한다, 지정된 가방과 손수레를 이용한다, 노란색 상의와 검은 바지를 입고 화장을 한다, 항상 품위 있고 상냥한 태도를 취한다 등이 그것이다. 최근 야쿠르트 아줌마의 공식 명칭을 '프레시 매니저'로 바꿨다. [그림 9-14]은 한국 야쿠르트 아줌마 관련 정보를 그래픽으로 표현한 것이다.

5. 최용주, 김상범, 영업의 미래, 올림, 2015년, p.235. 최용주 등은, 세계적인 세일즈 컨설팅사인 허스웨이트(Huthwaite)의 1970년대말 제록스 영업교육 연구 결과를 인용하였는데, 이를 재인용함

Chapter

10

소셜 미디어 마케팅

1. 소셜 미디어의 개념과 유형

소셜 미디어social media는 사람들이 서로의 생각, 의견, 경험, 관점 등을 서로 공유하고 활용하기 위해 사용하는 양방향성의 개방화된 온라인 도구로, 텍스트, 이미지, 오디오, 비디오 등 다양한 형태를 지니고 있다. 대표적인 것으로 블로그blogs, 소셜 네트워크social networks, 팟캐스트podcasts, 비디오 블로그Vlog 등이 있다. 블로그blog는 웹web 로그log의 줄임말로, 사람들이 자신의 관심사에 따라 자유롭게 글을 올릴 수 있는 웹사이트website를 지칭하는 것이다. 디지털 사회의 핵심 특징인 연결성을 토대로 각 블로그는 링크link로 연결되어 있고, 이러한 블로그의 집합 또는 문화를 블로고스피어blogosphere라고 명명하기도 한다.[1] 소셜 네트워크social networks는 개인과 개인의 연결망이라고 한다면, 소셜 네트워크 서비스social networks service는 개인과 개인을 연결하는 서비스로, 카카오톡, 페이스북facebook, 트위터twitter 등이 이에 해당한다. 팟캐스트potcasts는 애플Apple의 아이팟ipod과 방송broadcasting을 결합하여 만든 신조어로, 포터블 미디어 플레이어PMP 사용자에게 오디오 파일 또는 비디오 파일 형태로 뉴스나 드라마, 각종 콘텐츠를 제공하는 것을 말한다. 비디오 블로그Vlog는 비디오video와 블로그blog의 합성어로, 자신의 일상을 동영상으로 촬영한 영상 콘텐츠를 가리키는데, 2005년 유튜브 등 동영상 공유 사이트가 등장하면서 인기를 끌기 시작했다. [표 10-1]은 기존 미디어와 새로운 미디어를 구별하여 정리한 것이다.

이러한 소셜 미디어가 등장하게 된 배경은, 우선 정보통신 기술의 발달과 이에 따른 멀티미디어 기술의 발전을 들 수 있다. 기술 진보가 바탕이 되어 다양한 기기를 활용한 커뮤니케이션이 활성화되고, 사용자들이 콘텐츠를 소비하고 생산할 수 있는 환경을 구축했다. 또한, 사회의 분화와 재통합에 따른 커뮤니티 문화의 진화를 들 수 있다. 개인화와 네트워크화에 의한 연결성으로 사회가 분화되고 재통합하는 과정이 나타나고, 이런 과정에서 커뮤니티community가 발전하게 된 것이다. 웹web 기반 기술의 발달로 인하여 다양한 정보의 공유가 가능해지고 네트워킹 기능이 확대된 것도 하나의 배경이다. 현재의 세계화 체제의 특징을 '웹'이라는 한마디로 표현하기도 한다.[3] [표 10-2]는 웹 1.0, 2.0 및 3.0을 비교 정리한 것이다. 또한, 개인의 사회적 친화 욕구가 증가함과 동시에 자기 표현 욕구가 커진 것도 배경이 될 수 있다.

구분	기존 미디어	새로운 미디어
미디어 종류	TV, 신문, 라디오, 잡지	블로그, 트위터, 페이스북 등 소셜 미디어
콘텐츠 생산 주체	미디어 제작자, 광고주	개인
콘텐츠 내용	객관적, 계획적	주관적, 개인적
커뮤니케이션 형태	일방향	쌍방향
미디어 소유 주체	자본가	개인
비용	고비용	저비용 또는 무료

⬤ 표 10-1   미디어의 변화[2]

구분	웹 1.0	웹 2.0	웹 3.0
시기	1990년 ~ 2000년	2000년 ~ 2010년	2010년 ~ 2020년
핵심 키워드	접속	참여 및 공유	상황 인식
콘텐츠 형태	생산자가 일방적 콘텐츠 제공, 이용자는 콘텐츠 소비자	이용자가 콘텐츠의 생산자, 소비자 및 유통자	웹이 이용자가 원하는 콘텐츠 제공, 개인별 맞춤형 콘텐츠 제공
검색	검색 엔진 내부	여러 사이트에서 자료 개방 •(Open API)	사용자 맞춤 검색
정보 이용자	인간	인간	인간과 컴퓨터
기반 기술	브라우저	브로드 밴드, 서버	클라우딩 컴퓨터, ••시맨틱 기술
단말기	PC	주로 PC, 일부 모바일 기기	PC, 모바일 기기, 스마트 와치

• Open API; Open Application Programming Interface, 공개 응용 프로그램 개발 환경
•• 시맨틱 기술; Semantic 기술, 웹 기반 애플리케이션이나 서비스에서 의미적 상호작용을 위하여 쓰는 기술

⬤ 표 10-2   웹 1.0, 2.0 및 3.0 비교[4]

1. 폴 길린, 링크의 경제학, ㈜해냄출판사, 2009년, p.7. 폴 길린은, 21세기 지식의 유통은 많은 사람들을 인터넷상으로 끌여들였고, 그 중심에 있는 주류 미디어와 블로고스피어의 만남이 필연적이라고 주장함

2. 박종오, 권오영, 편해수, 마케팅, 북넷, 2018년, p.582. 박종오 등은, 김태욱, 이영균(2011), 제대로 통하는 소셜마케팅 7가지 법칙, 다우출판, p.32를 인용하였는데, 이를 재인용하여 수정함

3. 토머스 프리드먼, 렉서스와 올리브나무, ㈜21세기북스, 2011년, p.38. 토머스 프리드먼은, 세계화 체제에는 인터넷이 있고, 이 세계화 체제의 특징은 웹이라는 한마디로 표현할 수 있다고 주장함

4. 박종오, 권오영, 편해수, 마케팅, 북넷, 2018년, p.583. 박종오 등은, 전자정보센터(EIC)자료를 인용하였는데, 이를 재인용하여 수정함

⬥ 그림 10-1   소셜 미디어의 특성

　소셜 미디어는 몇 가지 특성을 지니고 있다. [그림 10-1]은 이를 정리한 것이다.

　먼저, 시간적 특성은, 콘텐츠를 생산하고 이를 공유하고 사용하는 사람들의 반응이 신속하고 한번 만들어 제시하면, 그 영향력이 지속적으로 유지된다는 것이다. 대상적 특성은 소셜 미디어의 네트워크를 통하여 다수의 다양한 사람들에게 콘텐츠를 전달하며, 더 많은 사람들에게 확산시키는 것이 용이하다는 것이다. 이러한 확산 범위 또는 영향력을 네트워크의 가치 또는 힘과 연관하여 설명하는 법칙으로 몇 가지가 있다. 먼저 사노프Sarnoff의 법칙은, 일방적인 일대다 커뮤니케이션 방식의 경우, 네트워크의 가치는 네트워크에 연결된 노드의 수와 비례 관계라는 것이다. 즉, 네트워크의 가치는 네트워크의 노드 수와 선형적인 관계로 증가한다는 것이다. 예를 들면 하나의 네트워크에 연결된 사람의 수가 10명이면, 그 네트워크의 가치는 10이라는 것이다. 멧칼프Metcalfe의 법칙은 쌍방향적인 커뮤니케이션의 경우, 네트워크의 가치가 노드의 제곱에 비례한다는 것이다. 예를 들면 네트워크상의 사람의 수가 10이면, 10의 제곱＝100이 네트워크의 가치가 된다는 것이다. 마지막으로 리드Reed의 법칙은 다방향적인 협업의 커뮤니케이션인 경우, 네트워크상의 노드의 수가 n이면 네트워크의 가치는 2의 n제곱이 된다는 것으로, 예를 들면 네트워크상의 사람의 수가 10명이면 2의 10 제곱, 즉 1,024가 된다. 리드Reed의 법칙의 경우, 네트워크의 가치는 네트워크상의 사람의 수에 기하급수적으로 증가한다는 것을 의미한다. [표 10-3]은 이들 법칙을 정리한 것이다. 비용적 특성은 TV, 신문, 라디오, 잡지 등 기존 4대 미디어 비용과 제작비에 비교하여 상대적으로 적은 수준의 비

구분	사노프(Sarnoff) 법칙	멧칼프(Metcalfe) 법칙	리드(Reed) 법칙
가치 (n=노드수)	N(선형적)	N^2(비선형적)	2^n(기하급수적)
매체	방송, 매스미디어	전화, 이메일 등	인터넷(블로그 등)
참여자	Viewer(시청자)	Node	Node 간의 Group
의미	네트워크 가치는 Viewer의 수에 비례	네트워크 가치는 노드수의 제곱에 비례	네트워크 가치는 노드수 n일때 2^n에 비례
커뮤니케이션	1대 다, 일방적	쌍방향	Collaboration(협업)
개념도			

▲ 표 10-3   네트워크 가치의 관련 법칙

용으로 콘텐츠를 생산하고 이를 공유, 사용하는 것이 가능하다. 기본적으로 비용적 특성은 앞서 설명한 디지털 사회의 가장 중요한 특징인 돈 한 푼 들이지 않는 연결성에서 비롯된 것이다. 마지막으로 관계적 특성은 일상생활에 관한 정보뿐만 아니라 다양하고 유익한 분야의 정보를 제공함으로써, 사람들 사이에 인간적이고 친밀한 관계를 형성하는 것을 말하는데, 쌍방향적 의사소통 및 지속적 상호작용을 통해 사람들 사이에 신뢰 형성이 용이해 진다. 소셜 피드백social feedback 주기라고 하는 것이 있다. 이는 소셜 미디어를 통한 정보의 흐름 과정을 설명하는 것으로, 특정 제품이나 서비스를 인지한 후, 그 제품이나 서비스의 구매를 고려하고, 어떤 계기로 구매하여 사용하고, 그 제품에 대한 의견을 표현하고, 이 의견을 대화를 통하여 공유한 후, 이를 피드백feedback하는 것을 말한다. 피드백은 다시 특정 제품이나 서비스의 구매를 고려할 때 영향을 미치게 된다는 것이다. 이러한 일련의 단계에서, 제품이나 서비스의 인지, 고려 및 구매는 마케팅담당자의 역할이 필요한 영역으로 마케팅담당자가 형성하는 것이며, 사용, 의견 형성 및 대화는 사용자의 역할이 필요한 영역으로 사용자가 형성하는 것이다. 이를 정리한 것이 [그림 10-2]이다.

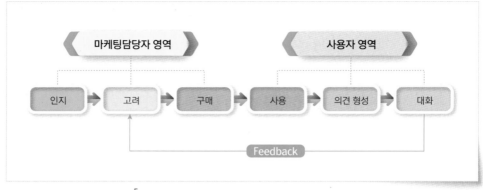

⬥ 그림 10-2　소셜 피드백 주기[5]

다음으로는 소셜 미디어의 유형을 살펴보겠다. 앞에서도 언급하였지만, 대표적인 소셜 미디어로는 트위터, 페이스북 등이 있는데, 트위터twitter는 140자 이내로 표현하는 마이크로 블로그로서 짧은 문장으로 다수와 실시간으로 소통할 수 있다. 페이스북facebook은 미니 홈페이지와 같은 역할을 하는 것으로, 네트워킹 기능이 강화되어 트위터나 블로그에 비해 기업의 마케팅에 더 적합하다.

 2. 소셜 미디어를 활용한 마케팅

1　소셜 미디어의 활용 방안

소셜 미디어를 활용한 마케팅을 설명하기 이전에 먼저 소셜 미디어의 활용 방안에 대하여 간단하게 설명하도록 하겠다. 소셜 미디어 활용 방안에 대해서는 다양한 의견이나 관점이 존재하겠지만, 여기서는 콘텐츠의 다양화와 미디어의 통합적 관리에 대해서 설명하도록 하겠다. 이미 Chapter 01 미래의 마케팅 4.0의 하나인 콘텐츠 마케팅에서 설명하였지만, 콘텐츠의 다양화는 자사에 긍정적 영향을 미치는 다양한 기업 활동의 내용을 소통 컨텐츠로 발굴하는 것을 말한다. 기업이 활용하는 콘텐츠 마케팅 채널 중에서 소셜 미디어가 가장 많은 비중을 차지하기 때문에, 다양한 콘텐츠를 생산하여 공유하고

리뷰	평점	추천
• 정보가 풍부, 세부적 사항까지 제공 • 가장 유용하면서도 가장 문제; 유용하나, 통제할 수 없는 콘텐츠 생성 문제	• 성과에 대한 주장 감안 시, 특정 해결책이 얼마나 효과적인지를 전달 • "성과 대비 기대수준"으로 표시	• 구현하기 가장 쉬움 • "강추", "비추"처럼 간소화 가능 • 보통 추천을 통한 투표는 합의를 주도함과 동시에 방해; 합의된 대중의 관심사가 다양성 잠식

🔺 표 10-4 리뷰, 평점 및 추천

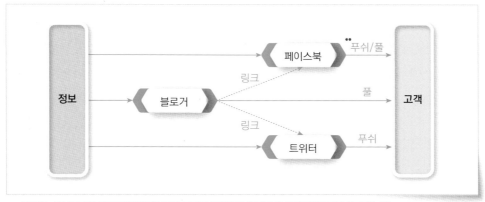

•• 푸쉬(Push); 제조업자가 중개상을 대상으로 프로모션을 하여, 중개상이 소비자의 판매를 유도하는 것
풀(Pull); 제조업자가 직접 소비자를 대상으로 프로모션을 하여, 소비자가 중개상을 찾게 하고, 중개상이 제조업자의 제품을 취급하도록 유도하는 것

🔺 그림 10-3 미디어의 통합적 관리

확산하는 것이 필요하다. 이러한 소셜 콘텐츠를 평가하는 방법으로 가장 많이 활용하는 것이 리뷰, 평점 및 추천이다. [표 10-4]는 리뷰, 평점 및 추천을 비교 정리한 것이다.

미디어의 통합적 관리는 소셜 미디어와 전통적 매스 미디어가 통합적 관점에서 시너지 효과를 극대화하는 방향으로 소셜 미디어를 활용하는 것을 말한다. 미디어의 통합적 관리의 예는 [그림 10-3]로 정리했다. [그림 10-3]에서처럼 특정 제품에 대한 정보를 블로거blog에 게재하면, 서로 링크연결되어 있는 페이스북facebook과 트위터twitter를 통해 게

5. 데이브 에반스, 소셜미디어마케팅, 에이콘출판(주), 2010년, p.69. 데이브 에반스는 소셜 피드백 주기를 그림으로 설명하였는데, 이를 인용하여 수정함

재된 정보가 공유되고, 이 공유된 정보를 고객이 가지고 있는 페이스북이나 트위터 계정에서 확인한다. 고객이 확인한 정보를 전제로 특정 제품을 판매하는 기업은 고객을 대상으로 앞에서도 언급한 푸쉬push 또는 풀pull 전략을 취하게 된다.

2 소셜 미디어를 활용한 마케팅

기업은 소셜 미디어를 효과적인 마케팅 전략을 수행하는 마케팅 도구로 활용하고 있다. 먼저, 기업은 소셜 미디어를 활용하여 긍정적인 기업 이미지를 구축할 수 있다. 자사 제품 광고, 기업 홍보에만 국한하지 않고, 다양한 기업 활동, 사회적 책임 활동 등을 소개하고 각종 문화행사, 사회적 캠페인 등에도 관심을 나타낼 수 있다. 또한, 기업은 자사 제품이나 서비스에 대한 다양한 정보를 표적 고객에 맞추어 제공할 수 있다. 이런 과정에서 실시간으로 고객으로부터 자사 제품이나 서비스에 대한 피드백을 받을 수도 있다. 아울러, 기업은 소셜 미디어를 자사 제품이나 서비스에 대한 정보를 제공할 수 있을 뿐만 아니라, 구매 촉진을 위한 수단으로도 활용할 수 있다. 예를 들어, 신제품 출시를 알림과 동시에 판촉 이벤트를 개최하여 기업의 매출 증가를 기대할 수 있다. 기업은 소셜 미디어를 활용하여 고객 관리도 할 수 있는데, 고객들의 자사 제품이나 서비스에 대한 다양한 의견, 불만 등을 실시간으로 파악하고, 빠르게 해결책이나 개선 방안을 즉각적으로 취할 수 있다.

3 소셜 미디어 마케팅 전략 수립 절차

소셜 미디어 마케팅을 성공적으로 수행하기 위하여서는 체계적이고 단계적인 소셜 미디어 마케팅 전략 수립이 필요하다. 그 절차는 [그림 10-4]와 같이 정리할 수 있다.

먼저, 고객 의견 청취 단계인데, 이는 기업이 고객의 생각이나 의견을 상세하게 파악하고 이해하는 단계이다. 이 단계에서는 고객 의견 점유율 파악도 필요한데, 고객 의견 점유율share of voice이란 자사가 속한 산업에서 고객들이 자사의 제품, 브랜드 등에 대한 의견이 전체 산업의 고객 중에서 차지하는 비중을 말하는데, 목소리 점유율이라고도 한다. 이와 함께 고객의 의견이 긍정적인지 부정적인지, 그리고 긍정적이거나 부정적인 의견의 비중은 어느 정도인지 평가하여야 한다. 고객 의견 점유율은 곧 시장 점유율share of

⬥ 그림 10-4   소셜 미디어 마케팅 전략 수립 절차

market로 나타나기 때문에 시장에서의 경쟁력을 가늠하는 중요한 기준이 된다. 고객의 의견을 청취한 후 소셜 미디어 마케팅 목표를 설정한다. 소셜 미디어 마케팅 목표는 브랜드 인지도 증가, 매출액 증가, 제품 리더십 확보 등 다양하게 설정할 수 있다. 관련 소셜 미디어 파악 단계는 자사 제품이나 서비스에 대하여 활발하게 의견을 개진할 수 있는 소셜 미디어가 무엇인지를 분석하여 파악하는 것으로, 고객들이 많이 이용하는 블로거, 트위터, 페이스북, 카카오톡 등을 상세하게 분석하는 것이다. 이때, 온라인 영향력 행사자를 확인하는 것도 중요한데, 온라인 영향력 행사자는 소셜 미디어를 이용하는 고객들에게 직간접적으로 영향을 줄 수 있는 사람을 지칭한다. 이러한 영향력 행사자는 파워 블로거power bloger일 수도 있고, 수많은 팔로우어follower를 거느린 페이스북 계정 소지자일 수도 있다. 콘텐츠 설계는 고객들이 소셜 미디어에 적극적으로 참여할 수 있도록 양질의 콘텐츠를 생산해내는 것으로, 고객들이 쉽게 공감할 수 있고 직접 체험하는 느낌

구분	소셜 커머스
핵심 개념	커머스 플랫폼과 SNS의 결합
변화 동인	SNS, 모바일, 증강 현실, 위치기반 서비스
플랫폼	Social Web, 통합된 오프라인
화폐	금전, 입소문
주체	소비자

◐ 표 10-5   소셜 커머스의 특징

을 주는 것과 같은 콘텐츠를 만들어 내어야 한다는 것이다. 많이 활용되는 기법으로 이미 설명한 스토리 텔링stroy-telling이 있다. 소셜 미디어 도구 선정에서는 앞 단계인 관련 소셜 미디어 파악 단계에서 분석한 블로거, 트위터, 페이스북, 카카오톡 등에서 온라인 영향력 행사자가 활용하고 있고, 양질의 콘텐츠를 잘 실현할 수 있는 적합한 소셜 미디어를 선택하는 것이다. 콘텐츠 작성 및 전달에서는 기업, 제품, 서비스 등에 대한 핵심적인 콘텐츠를 만들고 이를 페이스북, 트위터, 카카오톡 등 다양한 소셜 미디어를 통하여 고객들에게 전달하는 것이다. 소통, 참여 및 활성화 단계에서는 소셜 미디어의 양방향적 커뮤니케이션 기능을 통하여 제공된 콘텐츠를 공유한 고객들이 상호 간 소통을 원활히 하고, 기업, 제품, 서비스 등에 대하여 적극적인 의견을 개진하는 등 참여 활동이 활발히 이루어진다. 이는 소셜 미디어가 원활한 소통, 적극적 참여를 유발하는 촉매제 역할을 하는 것이다. 마지막으로 성과 측정은 고객들이 블로그에 얼마나 많이 클릭하였는지, 트위터에 얼마나 많이 리트윗retweet하였는지 등을 측정하는 것을 말한다. 이런 성과 측정을 통하여 향후 소셜 미디어 마케팅 전략을 수정하거나 보완할 수 있다.

4   소셜 커머스

소셜 커머스social commerce란 소셜 미디어와 온라인 미디어를 활용한 전자상거래의 일종으로 소셜 미디어를 활용한 E-커머스E-Commerce라고도 한다. 소셜 커머스의 특징을 [표 10-5]로 정리했다. 우선, 소셜 커머스는 커머스를 할 수 있는 플랫폼과 소셜 네트워크 서비스SNS, social network service의 결합이다. 플랫폼platform에 대한 정의가 다양하지만, 다양

🔺 그림 10-5   소셜 커머스의 유형

한 제품, 서비스, 정보 등을 판매하거나 공통적으로 사용할 수 있는 기본 구조를 말한다. 소셜 커머스가 성장할 수 있는 배경에는 기술 진보가 자리 잡고 있는데, SNS, 모바일, 증강현실, 위치 기반 서비스 등의 다양한 기술이 발전한 데 따른 것이다. 앞서 설명한 플랫폼은 주로 소셜 웹social web과 이와 통합된 오프라인이며, 교환의 수단이 금전에 더하여 입소문이 중요한 역할을 한다. 주체는 개개의 소비자로서 이는 전통적 커머스의 주체였던 기업과는 대조적이다.

소셜 커머스의 유형은 크게, 소셜 미디어 연동형, 공동 구매형, 직접 판매형, 프로모션형 4개로 구분할 수 있다. [그림 10-5]는 소셜 커머스의 유형을 정리한 것이다.

소셜 미디어 연동형은 쇼핑몰에 장착된 소셜 미디어의 공유 버튼을 통해 제품 정보를 소셜 미디어의 친구에게 알리는 것을 말하는 데, 가장 기본적 형태의 소셜 커머스이다. 최근에는 거의 모든 상거래 사이트는 소셜 미디어로 제품 정보를 보내는 공유 버튼이 있다. [그림 10-6]은 G마켓의 사례이다.

공동 구매형은 공동 구매 사이트와 소셜 미디어가 결합한 형태로, 소셜 미디어를 통한 입소문이 핵심이다. [그림 10-7]은 공동 구매형의 예이다.

직접 판매형은 소셜 미디어 내에서 신뢰를 바탕으로 소셜 미디어상 친구에게 직접 판매하는 것으로, 진정한 의미의 소셜 커머스라 할 수 있다. 대표적인 예가 페이스북 내 농산물 직거래, 트위터 친구에게 물건 파는 트윗모아 등이 있다. [그림 10-8]은 직접 판매형의 예로 트윗모아twitmoa이다.

▲ 그림 10-6 소셜 미디어 연동형의 예

▲ 그림 10-7 공동 구매형의 예

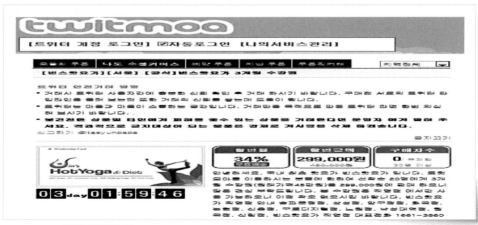

▲ 그림 10-8 직접 판매형의 예

　　프로모션형은 직접적 커머스는 일어나지 않지만, 결국 매출에 영향을 미치도록 소셜 미디어를 활용하는 것이다. 소셜 미디어를 활용한 다양한 판촉 이벤트를 진행하는 경우가 대표적인 예이다. 이는 기존 마케팅 영역에서 소셜 미디어를 활용하는 거의 모든 마케팅 활동이 해당한다.

디지털 사회의 뉴마케팅

 1. 디지털 사회의 산업환경 변화

1 IoT 시대의 도래

IoT는 인터넷 발전과 관련된 개념으로 최근에 가장 많이 언급되는 용어 중 하나이다. IoTInternet of Things란 사물 인터넷이라고도 하는데, 유무선 통신망으로 연결된 기기들이 인간의 개입 없이 센서 등을 통해 수집한 정보를 서로 주고받아 스스로 일을 처리하는 것을 의미한다. 즉, 사물과 사물이 인터넷으로 연결되는 것을 말한다. 이는 초연결사회의 기반 기술 및 서비스로 사물 간 인터넷 또는 개체 간 인터넷Internet of Objects으로 정의되기도 한다. [그림 11-1]은 이러한 IoT의 개념을 그림으로 표현한 것이다.

[그림 11-1]에서 알 수 있는 바와 같이 항공기, 스마트폰, 수도, PC, 시계, 자동차, 세탁기 전등, 전화 등이 서로 연결되어 있는 것이 IoT이다. 이러한 IoT는 기존의 RFIDRadio Frequency Identification 및 USN Ubiquitous Sensor Network 기술이 M2Mmachine to machine 개념으로 발전하고, 이것이 IoT 기술로 발전한 후 최종적으로 만물 인터넷IoE, Internet of Everything으로 확장되어 인식되고 있다. 이를 정리한 것이 [그림 11-2]이다. RFIDRadio Frequency Identification는 무선 주파수RF, Radio Frequency를 이용하여 물건이나 사람 등과 같은 대상을 식별Identification할 수 있도록 해 주는 기술을 말하는데, RFID는 안테나와 칩으로 구성된 RFID 태그에 정보를 저장하여 적용 대상에 부착한 후, RFID 리더를 통하여 정보를 인식하는 방법으로 활용되고 있다. USNUbiquitous Sensor Network은 RFID와 무선통신 장치를 통해 각종 센서에서 감지한 정보를 무선으로 수집, 분석, 관리 및 제어할 수 있는 네트워크를 일컫는 것으로, 대표적인 예로 화재 감시 모니터링 시스템, 공기질 모니터링 시스템, 수질 모니터링 시스템, 위치 추적 시스템 등이 있다. M2Mmachine to machine은 기계와 기계 간의 연결을 의미하는 것으로, 주변에 있는 모든 기기가 센서로 모은 단편 정보를 다른 기기와 통신하면서 서로 반응하여 주변 환경을 조절해주는 기술이다. 대표적인 예로 TV, 냉장고, 세탁기 등 가전부터 자동판매기, 현금자동지급기, 자동차, 헬스 케어 장치와 가스, 전기, 수도 검침기, 온도와 습도 조절기 등 M2M을 접목할 수 있는 기기는 무궁무진하다. 만물 인터넷IoE, Internet of Everything은 사람, 사물, 프로

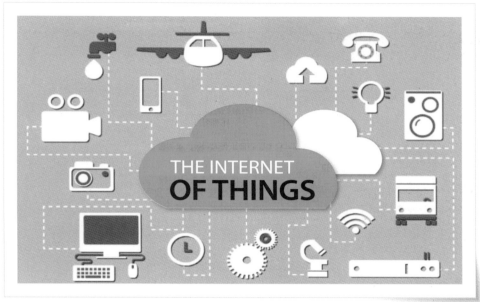

🔺 그림 11-1   IoT(Internet of Things) 개념　　　　　　　　　•출처; 국립중앙과학관

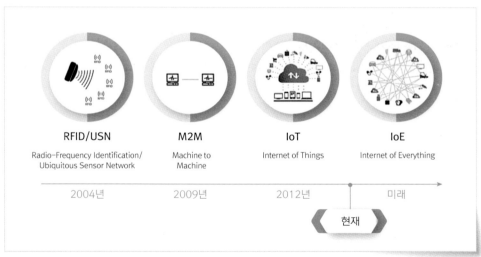

🔺 그림 11-2   IoT 기술의 진화　　　　　　•출처; 한국특허전략개발원, 미래유망제품서비스보고서

세스, 데이터 등 세상 만물이 인터넷으로 연결되어 서로 소통하며 새로운 가치와 경험을 창출하는 기술을 일컫는다. 이것은 IoT에서 더욱 확장되고 발전한 개념이다.

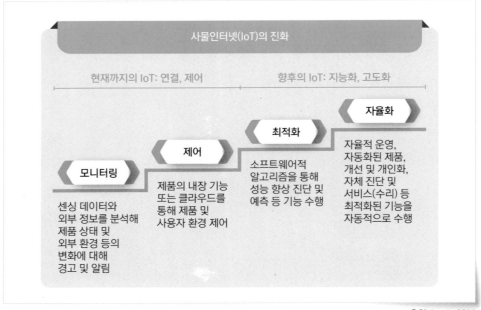

▲ 그림 11-3   IoT 기술의 진화

• 출처; Porter 2014

구분	IoS (Internet of Servers)	IoC (Internet of Computers)	IoP (Internet of People)	IoT (Internet of Things)
연결 매체	서버	컴퓨터	스마트폰	사물
네트워크	WAN/LAN	초고속인터넷	무선인터넷 (3G, 4G)	사물인터넷 (4G, 5G)
OS	UNIX	Windows	Android, iOS	다양
주요 앱	GCC	Explorer	Facebook, 카톡	다양
주력 서비스	연구 개발	인터넷 포털	SNS	다양
연결 매체 수	수천만개	수억개	수십억개	수백억개이상

▲ 표 11-1   인터넷 개념의 발전[1]

또한, IoT 기술도 단계적으로 진화되고 있는데 이를 정리한 것이 [그림 11-3]이다.

[그림 11-3]에서 알 수 있듯이, 현재의 IoT 기술은 사물 간 연결로 모니터링하고 이를

통해 제품 및 사용자 환경을 제어하는 단계에 있다. 향후 IoT는 지능화 및 고도화되어 제품 및 사용자 환경을 최적화하고 나아가 최적화된 기능을 자율적으로 수행하는 단계로 발전할 것이다. IoT 시대의 도래와 관련한 인터넷 개념의 발전은 [표 11-1]과 같이 정리할 수 있다. IoT 시대의 도래로 사람과 사람을 연결하는 P2Ppeople to people를 넘어, 사물과 사물을 연결하는 T2Tthings to things를 거쳐, 이제는 사물과 사람을 연결하는 T2Pthings to people의 연계가 등장하는 등 수많은 연계성에 기반한 서비스가 출현하고 있다. 이에 따라 마케팅 패러다임도 부분적 수정이 아닌 총체적 변경이 불가피하며, 수많은 사람, 제품, 서비스가 융합적으로 제공되는 IoT 산업에서 이루어지는 예측하기 어려운 수많은 상황을 체계적으로 관리하는 것이 마케팅담당자의 영역이 되고 있다.

따라서, 마케팅담당자들은 디지털 사회의 필수 생존 요소인 e-비즈니스를 성공적으로 수행하기 위해서는 급변하는 IT 기술의 현황을 파악하고 미래의 IT 기술을 전망하는 것이 필요하다. 미국 IT 분야 컨설팅 및 시장조사기관인 Gartner가 매년 발표하는 Hype Cycle을 최근에 많이 참고하고 있는데, 이는 새로운 기술의 현황과 전망을 설명하는 주기곡선이다. [그림 11-4]는 2020년 Gartner Hype Cycle이다.

2020년 Gartner Hype Cycle에서는, 코로나19 이후 기업들이 디지털 업무환경 조성에 관심을 가지기 시작하였고 디지털 업무환경 구축이 필수 요소라는 인식이 증가함에 따라 이와 관련된 기술 트렌드를 제시했다. 첫째, SaaSSoft as a Service 기반의 협업 플랫폼이다. 코로나19로 인해 재택근무가 활성화되면서 협업 플랫폼 시장도 활성화되었고, 협업 플랫폼은 하나의 클라우드 상에서 SaaSSoft as a Service 기반으로 운영된다. 주로 이메일, 메시지, 파일 공유, 문서 관리 수정, 자료 검색 등의 기능이 포함돼 있으며, 개인 업무와 커뮤니케이션, 공동 업무를 모두 관리하는 형태이다. 둘째, BYOTBring Your Own Thing로 이는 스마트폰을 비롯한 개인 디바이스로 업무를 처리하는 것을 말한다. Gartner는 2016년에 "2억 명에 이르는 사람이 자신의 물건을 업무에 활용하는 BYOT 형태로 전환할 것"이라고 전망한 바 있는데 당시 전망이 스마트폰을 겨냥한 말이었다면, 이번 BYOT는 트렌드에 맞게 더욱 개인화된 IoT 디바이스나 웨어러블 기기를 업무

---

1. 최은정, 마케팅관리, 피앤씨미디어, 2018년, p.402. 최은정은, IBK 투자증권 Industry Issue 2016을 인용하였는데, 이를 재인용함.

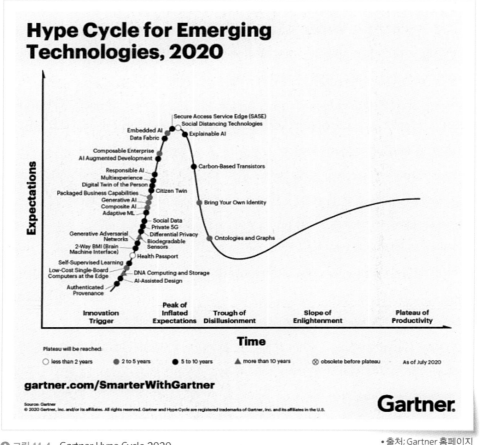

🔷 그림 11-4 Gartner Hype Cycle 2020

• 출처; Gartner 홈페이지

에 사용하기 시작한 것을 일컫는다. 셋째, 비대면 이코노미이다. 2019년 말까지만 해도 사람들과 거리낌 없이 만나고 이야기를 나누고 모임을 즐겼지만, 이 같은 상황은 코로나19 이후로 순식간에 역전되었고 사회적 거리두기로 비대면 이코노미가 형성되었다. 넷째, 스마트 업무공간이다. 비대면으로 업무를 진행하기 위해 스마트 업무공간도 활성화되었다. IoT, 통합 워크 스페이스work space 관리 시스템, 가상 워크 스페이스, 동작 센서, 안면 인식 등이 이에 포함되고, 이를 통해 사람들은 개인 공간에서도 업무를 진행할 수 있다. 물리적으로 사물을 다루지 않아도 디지털화를 통해 운영 관리할 수 있는 것이다. 다섯째, DaaSDesktop as a Service이다. 이는 클라우드 기반으로 가상 데스크톱을 제공하는 서비스로, 언제 어디서든 디스플레이와 구동을 위한 전기만 있으면, 내 PC의 모습 그대로 이용할 수 있는 것을 말한다. 이는 기술의 복잡성과 비용, 그리고 실현 가능성 등 다양한 이유로 도입하지 못하고 있었지만, 코로나19로 인해 앞으로 DaaS를 채택하는 기업이 늘어날 것이라는 분석이다. 마지막으로 기술의 민주화Democratization of Technology이다. 기존에는 새로운 기술적 서비스를 제공하기 위해 특별한 기술력을 가지고 있는 사람이 필요하였지만, 미래의 기술은 결국 사용자에 의해 구성될 것이라는 의견으로, 누구든 간단하게 사용할 수 있는 플랫폼 하나를 개발하고 이 위에 서비스를 얹는 방식으로 시장이 형성되는 것을 가리키는데, 이를 '기술의 민주화Democratization of Technology'라고 한다. 누구나 쉽게 기술을 사용할 수 있고 결국 기술이 모두의 일상에 스며들게 될 것이라는 분석이다. 이러한 IoT 시대에는 기업들도 기존의 사업 영역에서의 한계를 인식하고 새로운 IoT 시대에 적응하기 위한 적극적인 활동들을 전개하고 있는데, 이러한 활동 중에서 최근 가장 두드러지게 부각되고 있는 것이 디지털 트랜스포메이션이다. 디지털 트랜스포메이션Digital Transformation이란, 다양한 디지털 기술을 활용하여 새로운 비즈니스 모델 개발하거나, 기존 비즈니스의 요소들을 통합하여 새로운 시장 기회를 창출하는 것을 말한다. 대표적인 예로 GE의 경우, 제조업체에서 소프트웨어 기업인 산업 인터넷 플랫폼으로 전환하고 있으며, 디지털 트랜스포메이션을 통해 산업계의 구글로 탈바꿈했다는 평가를 받고 있다. IBM의 경우도 주력사업 PC 사업부를 Lenovo에 매각하고, 빅데이타 분석, 클라우딩 컴퓨터, 인공지능AI 등 소프트웨어 기업으로 전환하고 있다.

2 삼성전자의 IoT

그럼, 삼성전자의 IoT 전략은 무엇이고, 현재 상황은 어떤지 간단히 살펴보겠다. [표 11-2]는 2016년 삼성전자가 발표한 IoT 전략 및 향후 계획이다. [표 11-2]에서 알 수 있듯이, 삼성전자는 2016년 당시 2020년까지 생산하는 전 제품에 대하여 IoT를 구현하는 '전 제품의 IoT화'를 표명하고, 스마트홈 및 스마트카에 집중하며 IoT 생태계를 구축한다는 계획을 발표했다.

향후 글로벌 IoT 시장규모는 [그림 11-5]에서 알 수 있듯이 2022년에 $11,933억, 우리 돈으로 약 1,430조 원으로 성장할 것으로 예상하고 있다. 글로벌 반도체 시장규모가 약

분야	목표
전제품의 IoT화	• 2020년까지 생산 전제품에서 IoT 기능 구현, 가전과 무선 등 전분야 적용
스마트홈, 스마트카 집중	• CE부문 '패밀리 허브' 냉장고 전략 • 스마트 싱스, 프린터온, 조이언트 등 해외업체 인수 • 전장사업팀을 신설해 스마트카 관련 부품사업 강화
IoT 생태계 구축	• IoT 플랫폼 '아틱' 출시 및 보급

🔺 표 11-2 삼성전자의 IoT 전략 및 향후 계획   • 출처; 서울경제신문, 2016년 7월31일자 (자료; 삼성전자)

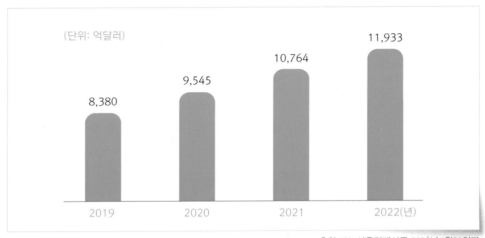

🔺 그림 11-5 글로벌 IoT 시장 규모   • 출처; ICD, 서울경제신문, 2020년 1월20일자

$4,000억, 우리 돈으로 약 480조 원인 것을 감안하면, IoT 글로벌 시장규모가 얼마나 방대한지 짐작할 수 있다.

[그림 11-6] 및 [그림 11-7]은 현재 삼성전자의 IoT 사업을 나타낸 것이다. 현재 삼성전자의 IoT 사업은 크게 빌딩 IoT 솔루션과 홈 IoT 솔루션으로 구분되어 있다. [그림 11-6]에서 알 수 있듯이, 빌딩 IoT 솔루션은 건물 내 공조 및 기계 설비, 에너지, 조명, 신재생 에너지 등을 모두 연동하여 관리하는 것이다. [그림 11-7]에서 알 수 있듯이, 홈 IoT 솔루션은 스마트폰으로, 조명, 난방, 커튼, 도어 센서, 모션 센서, 카메라, 세탁기, 건조기, 에어 드레서 등의 가전 기기를 연결하여 관리할 뿐 아니라, 아파트 커뮤니티 활동 및 에너지 모니터링 등도 할 수 있도록 되어 있다.

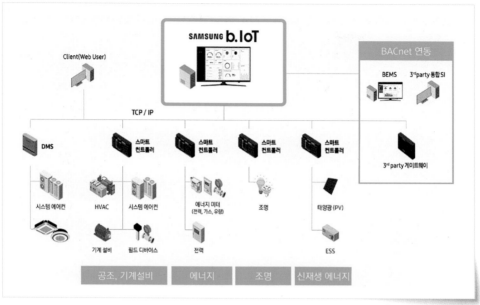

○ 그림 11-6 삼성전자 빌딩 IoT 솔루션

• 출처; 삼성전자 홈페이지

○ 그림 11-7 삼성전자 홈 IoT 솔루션

• 출처; 삼성전자 홈페이지

구분	제1차 산업혁명	제2차 산업혁명	제3차 산업혁명	제4차 산업혁명
시기	18세기 후반	19~20세기 초	20세기 후반	21세기 초반
연결성	국가 내부의 연결성 강화	기업-국가간 연결성 강화	사람, 환경, 기계간 연결성 강화	자동화, 연결성의 극대화
혁신동인	증기기관	전기 에너지	컴퓨터, 인터넷	IoT, 빅데이타, 로봇, 인공지능(AI)을 기반한 초연결성
특징	기계화에 따른 산업화	전기화에 따른 대량 생산	정보화에 따른 자동화	지능화에 따른 자율화
현상	영국 섬유산업의 거대 산업화	컨베이어 벨트를 기반으로 한 대량 생산 달성으로 미국으로의 패권 이동	인터넷 기반의 디지털 혁명으로 미국 글로벌 IT 기업의 급부상	사람, 사물, 공간의 초연결 및 초지능화를 통한 산업 구조 개편

🔺 표 11-3 산업혁명의 변천

3 제4차 산업혁명

앞서 설명한 IoT와 관련하여 최근에 가장 이슈화되는 것이 제4차 산업혁명이라는 용어이다. 제4차 산업혁명에 대하여 다양하게 정의할 수 있겠지만, 제4차 산업혁명The Fourth Industrial Revolution이란, 인공지능AI, artificial intelligence, 사물 인터넷IoT, 빅데이터, 모바일 등 첨단 정보통신기술이 정치, 경제, 사회, 문화 전반에 융합되어 혁신적인 변화를 일으키는 차세대 산업혁명으로 정의할 수 있다. 즉 인공지능, 사물 인터넷IoT, 클라우드 컴퓨팅, 빅데이터, 모바일 등 정보기술이 기존 산업의 서비스에 융합되거나, 3D 프린팅, 로봇공학, 생명공학, 나노기술 등 여러 분야의 신기술과 결합하여 실제 모든 제품 및 서비스를 네트워크로 연결하고 사물을 지능화하는 것이다. 제4차 산업혁명이라는 용어는 2016년 6월 스위스에서 열린 다보스 포럼Davos Forum에서 포럼의 의장이었던 클라우스 슈밥Klaus Schwab이 처음으로 사용하면서 이슈화되었다. 현재까지 단계별로 변천해온 산업혁명을 정리한 것이 [표 11-3]이다. 제4차 산업혁명은 21세기 초반에 이미 시작되어 현재 진행 중으로, 앞서 설명한 기술, 즉 IoT, 빅데이타, 로봇, 인공지능 등을 기반으로 자동화 및 연결성을 극대화하면서 사람, 사물, 공간을 연결하여 산업 구조를 혁신적으로 개편하는 것이다. 가장 큰 특징은 지능화에 따른 자율화로, 이전의 산업혁명의 특징이었던, 기계화에 따른 산업화, 전기화에 따른 대량 생산, 정보화에 따른 자동화와는 확연히 구별된다.

2. 디지털 사회의 소비자 변화

1 디지털 사회의 소비자의 특성

 디지털 사회의 소비자는 다양한 형태로 변화하고 있다. 먼저 소비자의 구매행동에서도 살펴본 바와 같이 라이프스타일lifestyle은 개인의 생활양식으로, 개인의 활동이나 관심, 의견 등을 표현하는 것을 일컫는다. 이는 직업, 취미활동, 사회적 행사 참여 등의 활동이나, 음식, 패션, 운동 등에 대한 관심의 형태로 나타난다. 디지털 사회의 소비자는 이러한 라이프스타일에서 스마트 라이프를 지향한다. 스마트 라이프smart life는 언제든지 anytime, 어디서나anywhere, 원하는 대로anyway 자신의 라이프 스타일을 실현하는 것을 의미하는데, 이는 유무선 네트워크를 기반으로 스마트 디바이스를 활용하여 실현되고 있다. 또한, 디지털 사회의 소비자는 이전의 아날로그 사회의 소비자 대비 훨씬 더 가격에 민감하게 반응한다. 하지만, 디지털 사회의 소비자는 단순히 더 싼 가격을 추구하기보다는 더 나은 가치를 추구하는 가치 추구형 소비자라고 할 수 있다. 디지털 사회의 소비자와 아날로그 사회의 소비자의 쇼핑 형태를 비교 정리하면 [표 11-4]와 같다. [표 11-4]에서 알 수 있듯이, 디지털 사회의 소비자는 구매하기 전에 가격에 대하여 꼼꼼하게 체크하고 좀 더 저렴한 가격을 찾아 마트를 선택한다. 이는 스마트 라이프를 추구하는 디지털 사회의 소비자의 전형적인 행태를 반영한 것이라고 볼 수 있다. [표 11-5]는 품질 민감도를 비교한 것이다. [표 11-5]에서 알 수 있듯이, 디지털 사회의 소비자는 아날로그 사회의 소비자에 비하여 가격보다 품질 비교에 더 많은 시간을 할애하고, 일반 제품보다 프리미엄 제품을 더 선호한다.

 또한, 디지털 사회의 소비자는 SNS를 활용하여 자신들만의 군락지를 형성하는데, 이를 비오톱이라고 한다. 비오톱biotop이란 원래 야생생물이 서식하고 이동하는데 도움이 되는 숲, 가로수, 습지, 하천, 화단 등 도심에 존재하는 다양한 인공물이나 자연물을 말하는 것으로, 지역 생태계 형성에 기여하는 작은 생물 서식 공간을 지칭한다. 하지만, 디지털 사회에서는 SNS를 활용하여 고객이 모여있는 곳, 즉 고객 군락지라는 의미로 사용되고 있다. 일본 IT 저널리스트 사사키 도시나오가 〈큐레이션의 시대〉라는 책에서 고객 군

구분	쇼핑형태	아날로그 사회의 소비자	디지털 사회의 소비자
판촉 선호	• 전체 일용소비재 중 판촉 상품 구매회수 비중	30%	33%
PB 구매	• 전체 일용소비재 중 PB 구매회수 비중	7.60%	8.90%
가격 체크	• 구매 전 가격을 꼼꼼하게 체크하는 편	70%	83%
가격 비교	• 다른 매장 대비 저렴한 가격이 대형 마트 선택에 매우 중요	54%	84%
	• 다른 쇼핑몰 대비 저렴한 가격이 온라인몰 선택에 매우 중요	51%	62%

표 11-4　아날로그 사회의 소비자와 디지털 사회의 소비자의 쇼핑형태 비교[2]

구분	연평균 지출액	품질 비교	프리미엄 선호
쇼핑 형태	연평균 일용소비재 지출액(만원)	가격보다 품질 비교에 더 많은 시간 할애	일반제품 대비 프리미엄 제품 선호
아날로그사회의 소비자	288	47%	26%
디지털사회의 소비자	302	63%	32%

표 11-5　아날로그 사회의 소비자와 디지털 사회의 소비자의 품질 민감도 비교[3]

락지, 타겟 군락지로 지칭하였다. 대표적인 예가 페친페이스북 친구으로, 이는 페이스북 계정을 통해 연결된 사용자들이 새로운 고객 군락지를 형성한 것이다. 또한, 디지털 사회의 소비자는 O2O를 활용하여, 멀티채널 이주에 아주 능숙하다. O2Oonline to offline란 단어의 뜻 그대로 온라인이 오프라인으로 옮겨온다는 뜻으로, 정보 유통 비용이 저렴한 온라인과 실제 소비가 일어나는 오프라인의 장점을 접목해 새로운 시장을 만들어 보고자 하는 마케팅 활동의 하나이다. 멀티채널 이주multi-channel migration란, 오프라인 스토어, 온라인 쇼핑몰, TV 홈쇼핑, 백화점, 할인점 등 다양한 형태의 멀티채널을 돌아다니면서 더 나은 가치 구매를 위한 의사결정을 하는 것을 말하는데, 이를 옴니 채널 이주omni-channel migration라고도 한다. 이러한 멀티채널 이주의 유형에는 이미 Chapter 01에서 설명한 바와 같이, 쇼루밍showrooming, 오프라인 매장에서 제품을 살펴보고 실제 구매는 온라인 사이트에서 하는 형태, 웹루밍webrooming, 온라인으로 제품을 확인하고 오프라인 매장에서 구입하는 형태, 모루밍morooming, 오프라인 매장에서 제품을 살펴보고 실제 구매는 스마트폰으로 하는 형태, 크로스오버 쇼핑cross-over shopping, 쇼루밍과 웹루밍의 결합 형태로, 온라인과 오프라인을 넘나드는 쇼핑 형태 등 다양한 형태가 있다.

2 디지털 사회의 소비자의 유형

디지털 사회의 소비자를 다양한 유형으로 분류할 수 있는데, 여기서는 디지털 네이티브, 디지털 이민자, 제너레이션 C, 이케아 세대에 대하여 설명하도록 하겠다. 먼저, 디지털 네이티브digital ntive란 디지털 원주민이라고도 하는데, 태어나서부터 디지털 언어와 기기를 사용함으로써 디지털 친화적인 행태와 사고를 지닌 세대를 지칭하는 것으로, 통상 1980년~2000년 사이에 태어난 세대를 일컫는다. 이들은 자유와 도전정신을 지니고 필요한 정보 습득을 위해 인터넷을 적극적으로 활용하며, 만족한 결과가 나올 때까지 인내하고 집중하는 스타일이다. 또한, 이들은 멀티 태스킹multi-tasking에 익숙하고, 개성이 강하여 오프라인에서 팀워크 형성이 어렵지만 온라인에서는 적극적으로 협업하는 행태를 보인다. 이와 관련하여 디지털 이민자라는 개념도 있다. 디지털 이민자digital immigrant는 태어나면서부터 디지털화가 된 것이 아니라, 디지털화의 필요성을 인식하여 학습을 통해 디지털 친화적인 행태와 사고를 가지게 된 세대를 말하는 것으로, 일부 아날로그적인 행태와 사고가 남아있는 세대이다. 다음은 제너레이션 CGeneration C이다. 제너레이션 CGeneration C는 연결이 만든 간접 경험에 의하여 구분되는 행동을 보이는 특정 그룹을 지칭하는 것으로, 스마트폰으로 24시간 연결되어 있어 물리적으로 이전에 경험하지 못한 것에 대해 풍부한 간접 경험을 하는 사람들을 일컫는다. 연령에 상관없이 디지털 연결성 정도로 구분할 수 있는데, 예를 들어 스마트폰으로 우버Uber 택시를 부르는 50대, 해외 휴가 숙박 예약을 에어비앤비air bnb에서 하는 60대, 페이스북facebook이나 카카오톡을 통해 다양한 세대와 커뮤니케이션을 하는 70대 등등이 있다. 제너레이션 C와 관련하여, X세대, Y세대, Z세대도 최근 많이 언급되고 있는데, 이를 정리하면, [표 11-6]과 같다.

2. 최은정, 마케팅관리, 피앤씨미디어, 2018년, p.408. 최은정은, 칸타월드 패널의 조사결과를 인용하였는데, 이를 재인용하여 수정함
3. 최은정, 마케팅관리, 피앤씨미디어, 2018년, p.408. 최은정은, 칸타월드 패널의 조사결과를 인용하였는데, 이를 재인용하여 수정함

구분	X세대	Y세대	Z세대
출생연도	1965년~1979년	1980년~1994년	1995년 이후
인구비중	25%	21%	16%
미디어 사용	디지털 이주민	디지털 유목민*	디지털 네이티브
성향	물질주의, 경쟁사회	세계화, 경험주의	현실주의, 윤리 중시

• 디지털 유목민이란 시간과 장소에 구애받지 않고 디지털 기술을 통해 자유롭게 일할 수 있다는 의미에서 사용

⬆ 표 11-6 X세대, Y세대, Z세대 비교

[표 11-6]에서 알 수 있듯이, 디지털 네이티브는 Z세대로 대변할 수 있는데, 최근 모 자동차업체가 X세대, Y세대, Z세대가 공존하는 TV 광고로 주목을 받기도 했다. 이케아 세대IKEA 세대는 스웨덴 DIY 가구업체인 이케아IKEA에서 따온 용어로, 능력은 뛰어나지만 값이 싸고 내구성은 떨어지는 세대를 말한다. 1978년을 전후로 태어난 세대로, 해외여 행, 어학연수 등으로 해외 문화에 익숙하고 다양한 정보력과 경험을 요구하는 문화적 수준과 안목을 지니고 있으며, 외국어 능력 및 IT 활용 능력이 뛰어나다. 또한, 혁신제품 의 초기 수용이 높은 세대로, 저렴한 가격낮은 인건비, 빼어난 디자인높은 능력, 높은 가성비 스펙 대비 계약직 고용, DIYDo IT Yourself, 미완성제품, 중간단계의 삶, 높은 단기적 만족감현재 만족 등의 이케아 가구와 같은 속성을 지니고 있다. 이들의 두드러진 특징은 결혼을 안 해도 아이 가 없어도 한국에서 취직하지 않아도 된다는 시각을 가지고 있고, 기성세대와 같은 철 학을 공유하는 것을 거부하며 철저한 개인 중심적 성향을 보인다. 또한, 미래를 위한 투 자 및 희생보다는 지금 이 순간의 만족에 충실하다.

3. 디지털 사회의 마케팅 믹스

디지털 사회의 마케팅이 지향한 기본 목표는 디지털 기술을 기반으로 새로운 고객 경험과 고객 가치를 제공하는 것이라 할 수 있다. 따라서 디지털 사회에서의 성공적인 마케팅 활동을 위하여 기존의 전통적 마케팅 믹스인 4P, 즉, 제품product, 가격price, 유통place 및 촉진promotion을 대체하는 새로운 마케팅 믹스가 필요하다. 앞서 Chapter 01에서 설명한 미래의 마케팅 4.0에서는 새로운 인간 중심의 4C, 공동 창조co-creation, 통화currency, 공동체 활성화communal activation, 대화conversion를 마케팅 믹스로 제시하고, 인간 중심의 마케팅, 콘텐츠 마케팅, 옴니 채널 마케팅 및 참여 마케팅을 제안하고 설명하였는데, 여기서는 이를 기반으로 새로운 마케팅 믹스에 대하여 설명하도록 하겠다. 새로운 마케팅 믹스란, 연결Connection, 콘텐츠Contents, 고객 경험Customer Experience, 옴니 채널Omni-Channel을 일컫는다. 먼저 연결Connection이다. 앞에서도 이미 언급하였지만, 디지털 사회의 가장 큰 특징은 연결성이다. 연결이란, 기업의 일방적인 촉진 활동이 아닌 고객지향적인 디지털 미디어를 포함한 다양한 커뮤니케이션 미디어를 활용하여 쌍방향으로 소통하는 것을 말하는데, 이는 고객과 소통하고 고객과 관계를 맺고 고객을 대상으로 촉진 활동을 하는 과정이라고 할 수 있다. 이러한 연결 관계를 기반으로 한 소비자의 행동 모델을 설명하는 이론은 다양하다. 앞서 설명한 AIDAattention, interest, desire, action, AIDMAattention, interest, desire, memory, action, AIDCAattention, interest, desire, conviction, action를 비롯하여, 일본 광고대행사 덴츠Dentsu의 SIPSsympathize, identify, participate, share & spread 모델, AISASattention, interest, search, action, share 모델, 맥킨지McKinsey의 CDJCustomer Decision Journey 이론 등이 있다. SIPS 모델은 소비자가 브랜드나 제품에 대한 정보에 공감한sympathize 후, 지인이나 친구 등을 통하여 그 정보가 자신에게 유익한지 확인하고identify, 브랜드나 제품과 관련된 다양한 활동에 참여하고participate, 다양한 활동에서 획득한 결과물을 주위 사람들에게 전하고 공유한다는share & spread 것이다. AISAS 모델은 소비자가 브랜드나 제품에 대하여 인지한attention 후, 흥미나 관심을 가지고interest, 관련 정보를 찾아보고search, 구매 행동을 하고action, 이후 이를 공유한다는share 것이다. 맥킨지의 CDJ 이론은, 디지털 미디어 환경 변화를 겪은 소비자들은 기존에 알고 있거나 이미 사용 중이던 브랜드에 얽매이지 않으며, 검색을 통해 제안받은 새로운 브랜드나 이미 제품을 구매한 다른 소비자들의 구매 이후의 경험 등을 참고하여 브랜드에 열린 자세를 가지고, 구매의사결정 중간에도 쉽고 빠르게 기존 브랜드를 재평가하여 고려 대상을 바꾼다는 이론이다. 다음은 콘텐츠Contents이다. 콘텐츠의 유형은 크게 기업 생성 콘텐츠와 고객 생성 콘텐츠로 구분할 수 있다. 이를 정리한 것이 [표 11-7]이다.

구분	기업 생성 콘텐츠 (FGC, Firm-Generated Contents)	고객 생성 콘텐츠 (UGC, User-Generated Contents)
주체	기업	고객
의미	고객에게 기업의 마케팅 관점에서 내용 전달	고객의 브랜드 지식과 지각을 파악
접근 방식	Push 전략	Pull 전략
주요 미디어	기업 운영 웹사이트, 페이스북, 블로그 및 다양한 SNS	고객 운영 페이스북, 블로그 및 다양한 SNS
장단점	• 체계적 운영 관리 및 모니터링 가능 • 특정 브랜드의 매출 예측이 불가능 • 콘텐츠 공유 및 확장이 상대적으로 작음	• 특정 브랜드의 매출 예측이 가능 • 체계적 운영 관리 및 모니터링 불가능 • 콘텐츠 공유 및 확장이 상대적으로 큼

△ 표 11-7　기업 생성 콘텐츠와 고객 생성 콘텐츠 비교

　이러한 콘텐츠를 만들기 위해서는 완료형의 일방적인 정보 제공이나 나열식 글쓰기가 아닌, 열린형 글쓰기로 소비자들의 관심과 참여를 유도하고, 페이스북facebook이나 블로그 등 다양한 SNS를 미디어 채널로 적극 활용하고, 특히 최근에 급격하게 그 사용 빈도가 늘어나고 있는 해쉬 태그#도 적극적으로 활용하여야 한다. 콘텐츠의 형태는 글보다는 이미지로 표현하는 것이 좋고, 이미지와 동영상도 스토리를 구성하는 형식, 즉 스토리텔링story-telling 기법이 소비자들의 공감을 더 쉽게 이끌어 낼 수 있다. 참고로 사람은 들은 것은 10%, 읽은 것은 30%, 본 것은 80%를 기억한다고 한다. 다음은 고객 경험Customer Experience이다. 고객 경험Customer Experience이란 제품이나 서비스를 구매하기 전 정보 탐색부터, 구매 중, 구매 후 사용 단계까지의 과정에서 소유하는 감정 및 인지 등을 포괄적으로 지칭하는 것이다. 이는 사용자 경험과 구별한다. 사용자 경험UX, user experience은 사용자를 대상으로 기업, 제품, 서비스와 상호작용하면서 얻는 경험을 말하는데, 이는 다분히 주관적으로 개인의 느낌이나 생각에 의존하며 시간이 지남에 따라 함께 변화한다. 고객 경험과 관련하여, POP와 MOT라는 개념이 있다. 이는 고객 경험의 중요한 시점을 가리키는 것으로, POPPoint of Purchase는 물리적 위치 개념의 구매 상황 접점을 말하는 것으로 구매가 이루어지는 장소를 가리킨다. MOTMoment of Truth는 시간 개념의 구매 상황 접점을 말하는 것으로 중요한 일 또는 중요한 결정이 일어나는 순간

구분	과거	현재
	고객 중심 고객 관계 관리(CRM)	고객 중심 고객 경험 관리(CEM)
전략	고객을 위한 최고의 솔루션 창조	고객을 위한 최고의 고객 경험 창조
사람/문화	고객 문화; 새로운 니즈 충족을 위하여	고객 문화; 다른 사람에게 제품을 추천하기 위하여
과정	신솔루션 개발	신고객경험 관리
보상	고객에 대한 깊은 인사이트를 가진 사람에게 보상	제품에 대한 새로운 경험을 가진 사람에게 보상

● 표 11-8 고객 관계 관리(CRM)와 고객 경험 관리(CEM) 비교

을 가리킨다. 고객 경험과 관련하여 또 하나의 중요한 활동이 고객 경험 관리이다. 고객 경험 관리Customer Experience Management란 자사의 제품이나 서비스의 모든 접점에서 고객 경험이 제공될 수 있도록 기획하고 모니터링하는 활동을 말한다. 기존의 고객 관계 관리CRM, Customer Relationship Management가 고객 경험 관리CEM, Customer Experience Management로 진화한 것이다. [표11-8]은 고객 관계 관리CRM와 고객 경험 관리CEM를 비교 정리한 것이다. 고객 경험 과정은 고객의 시간 여정에 따라 이전 경험 단계, 구매 전 단계, 구매 단계, 구매 후 단계, 미래 경험 단계 등 5단계로 구분되는데, 각 단계에서 고객이 무엇을 기대하고 어떤 태도와 인식을 가지고 있는지 파악하고 대처하여야 한다. 다음은 옴니 채널이다. 옴니 채널Omni-Channel은 소비자가 온라인, 오프라인, 모바일 등 다양한 경로를 넘나들며 상품을 검색하고 구매할 수 있는 것으로, 각 유통 채널의 특성을 결합해 어떤 채널에서든 같은 매장을 이용하는 것처럼 느낄 수 있도록 한 쇼핑 환경을 말한다. 최근에는 특히 소매업의 경우, 성공적 옴니 채널 구현이 필요충분조건이 되고 있다. 대표적인 사례가 롯데 On이다. 성공적 옴니 채널 구현을 위해서는 어떤 유통 채널을 가더라도 동일한 경험을 할 수 있는 일관성consistency, 고객이 선호하는 내용을 정확히 전달하는 콘텐츠contents, 고객의 필요needs와 욕구wants를 충족시키는 개인 맞춤화customization, 구매, 결재, 애프터 서비스 등 구매 과정의 편리성을 의미하는 편의성convenience, 고객의 라이프 스타일 전환을 선도하는 전환성conversion 등이 필요하다.

구분	기존 마케팅 커뮤니케이션	디지털 사회의 마케팅 커뮤니케이션
제작 대상	촉진 크리에이티브	콘텐츠
중요 매체	미디어 채널	채널과의 연결성
광고 캠페인의 목표	단기적 인지 제고	장기적 관계 형성 및 유지
커뮤니케이션의 정의	소비자의 인식 변화	소비자의 마음 변화

🔺 표 11-9   마케팅 커뮤니케이션의 변화

 4. 디지털 사회의 마케팅 커뮤니케이션

디지털 사회는 마케팅담당자들에게 새로운 비즈니스 모델과 마케팅 목표를 설정하라고 요구하고 있다. 이러한 디지털 사회의 마케팅 커뮤니케이션의 핵심 능력은, CIA 프레임워크, 즉, 연결하고connect, 상상하고imagine, 행동하기act로 표현할 수 있다. 마케팅담당자는 우선 고객과 연결되어야 하며 높은 수준의 창의적 상상력을 발휘하여야 한다. 이러한 상상력을 바탕으로 새로운 마케팅 목표를 설정하고, 이를 실현하기 위하여 행동하여야 한다. 디지털 사회의 마케팅 목표로는 기존 마케팅 목표의 기반 위에 디지털 사회의 특성을 감안하여, 표적 고객에의 도달, 기존 고객과의 장기적 관계 유지, 새로운 고객 군락지비오톱 형성, 브랜드 인지 및 회상 등의 브랜드 목표 달성, 기업 매출 증대 등이 있을 수 있다. 이러한 마케팅 목표하에 마케팅 커뮤니케이션을 수행해 나가야 한다. [표 11-9]은 마케팅 커뮤니케이션의 변화를 정리한 것이다.

디지털 사회에서 성공적인 마케팅 커뮤니케이션을 수행하기 위해서는 장기적 차원의 브랜드 구축과 커뮤니케이션이 중요하며, 고객에 제공하는 콘텐츠의 진정성을 확보하고 이를 고객에게 정확히 전달하여야 한다. 또한, 고객의 공감을 확보하기 위하여 스토리텔링story-telling 기법을 적극적으로 활용하여야 하며, O2O 마케팅도 활발히 전개하여야 한다. 디지털 광고 매체를 적극적으로 활용하여야 하고, 비언어적non-verbal 커뮤니케이션 도구인 캐릭터나 이모지도 적극적으로 활용하여야 한다. 특히 최근에는 이모지의

라이언 RYAN 위로의 아이콘, 믿음직스러운 조언자

갈기가 없는게 콤플렉스인 수사자. 큰 덩치와 무뚝뚝한 표정으로 오해를 많이 사지만 사실 누구보다 여리고 섬세한 감성을 가지고 있는, 카카오프렌즈의 믿음직스러운 조언자. 아프리카 동동섬 왕위 계승자였으나, 자유로운 삶을 동경해 탈출, 꼬리가 길면 잡히기 때문에 꼬리가 짧다.

프로도 FRODO 부잣집 도시개 프로도

부자집 도시개 프로도는 잡종이라 태생에 대한 컴플렉스가 많다는 설정을 지니고 있다. 회사 측은 프로도라는 이름은 처음에 회사 내의 한 직원의 호칭에서 따 왔으며, 디즈니의 강아지 캐릭터 플루토와 발음이 비슷하며 세계 어디에서나 부르기 쉬운 이름이라 최종 결정했다고 밝혔다.

무지 MUZI 토끼옷을 입은 무지

호기심 많은 장난꾸러기 무지는 사실 토끼옷을 입은 단무지라는 설정을 지니고 있다. 작가 호조(HOZO)는 카카오톡의 상징색인 노란색과 갈색 중 노란색을 대표할 캐릭터를 생각하다가 단무지를 떠올렸다고 말했다.

튜브 TUBE 화나면 미친 오리로 변신하는 튜브

튜브는 겁 많은 소심한 오리 캐릭터로 극도의 공포를 느끼면 미친 오리로 변신한다는 설정을 지니고 있다. 튜브라는 이름은 입이 튜브처럼 생겨서 붙여졌다. 어피치한테 괴롭힘을 당한다.

🔼 그림 11-8 카카오프렌즈의 주요 캐릭터

• 출처; 동아 비즈니스 리뷰 2016

🔼 그림 11-9 카카오 이모지(이모티콘)

• 출처; kakaoemoticon shop

활용이 두드러지고 있는데, 이모지란 일본어 繪文字에모지에서 유래된 것으로 일본 휴대전화 문자 메세지에서 시작된 그림 문자이다. 1999년 일본 통신업체 NTT Tocomo가 시작하여 현재는 스마트폰 및 PC 등 다양한 환경에서 사용되고 있다. [그림 11-8]은 카카오프렌즈의 주요 캐릭터이고, [그림 11-9]는 카카오 이모지이모티콘이다.

디지털 사회의
마케팅

참고문헌

- 강명주, 소비자행동과 마케팅액션, 피앤씨미디어, 2015년
- 김기홍, 한수범, 국제경영학, 대왕사, 2010년
- 김난도 외, 트렌드 코리아 2016, 미래의 창, 2015년
- 김난도 외, 트렌드 코리아 2018, 미래의 창, 2017년
- 김주현, 국제경영, 북넷, 2019년
- 니콜라 게겐, 소비자는 무엇으로 사는가, 지형, 2006년
- 데이브 에반스, 소셜미디어마케팅, 에이콘출판(주), 2010년
- 데이비드 아커, 데이비드 아커의 브랜드 경영, 비즈니스북스, 2003년
- 딜로이트 안진회계법인, 딜로이트 컨설팅, 경계의 종말, 원앤원북스, 2016년
- 마셜 W. 밴 앨스타인, 상지트 폴 초더리, 제프리 G. 파커, 플랫폼레볼루션, 부키(주), 2017년
- 마이클 달튼 존슨, 영업의 고수는 무엇이 어떻게 다른가, 도서출판 갈매나무, 2014년
- 마크 펜, 마이크로트렌드, 해냄출판사, 2008년
- 마틴 린드스트롬, 오감브랜딩, 랜덤하우스코리아(주), 2007년
- 말콤 그래드웰, 그 개는 무엇을 보았나, 김영사, 2010년
- 문영미, 디퍼런트, ㈜살림출판사, 2011년
- 바라트 아난드, 콘텐츠의 미래, 리더스북, 2017년
- 박남규, 전략적 사고, ㈜아코바, 2010년
- 박세범, 박종오, 소비자행동, 북넷, 2013년
- 박종오, 권오영, 편해수, 마케팅, 북넷, 2018년
- 밥 길브리스, 마케팅 가치에 집중하라, 비즈니스맵, 2011년
- 배도순, 마케팅, 대왕사, 2017년
- 송재도, 가격 설정의 원리, 북넷, 2013년
- 스튜어트 다이아몬드, 어떻게 원하는 것을 얻는가, ㈜에이트 포인트, 2018년
- 스티브 레빗, 스티븐 더브너, 괴짜경제학 플러스, ㈜웅진씽크빅, 2007년
- 아닌디야 고즈, 모바일 비즈니스에서 승자가 되는 법 탭TAP, 한국경제신문, 2017년
- 안광호, 고객지향적 마케팅, 북넷, 2018년
- 안광호, 하영원, 박흥수, 마케팅원론, 박현사, 2003년
- 에이드리언 슬라이워츠키, 디맨드, 다산북스, 2012년

- 엘런 러펠 셸, 완벽한 가격, 랜덤하우스코리아, 2011년
- 오정주, 권인아, 비즈니스 매너와 글로벌 에티켓, 한올, 2019년
- 윌리엄 A. 코헨, 리더스 윈도우, 쿠폰북, 2010년
- 이마무라 히데아키, B2B 마케팅, 비즈니스맵, 2010년
- 이우용, 정구현, 마케팅원론, 형설출판사, 1995년
- 자그모한 라주, 스마트 프라이싱, 럭스미디어, 2011년
- 전선규, 소비자는 좋은 제품을 선택하지 않는다, 마인드탭, 2014년
- 정기한, 신재익, 오재신, 전지희, 박은옥, 마케팅관리, 피앤씨미디어, 2019년
- 정진우, 장사도 인문학이다, 도서출판 무한, 2017년
- 조동성, 전략경영, 서울경제경영, 2013년
- 조영태, 정해진 미래시장의 기회, 북스톤, 2018년
- 조지 데이, 크리스턴 무어먼, 아웃사이드인 전략, 와이즈베리, 2013년
- 최용주, 김상범, 영업의 미래, 올림, 2015년
- 최은수, 4차 산업혁명 그 이후, 미래의 지배자들, ㈜비즈니스북스, 2018년
- 최은정, 마케팅관리, 피엔씨미디어, 2018년
- 칩히스, 댄 히스, 스틱, 웅진윙스, 2007년
- 케빈 켈러, 브랜드 매니지먼트, 비즈니스북스, 2010년
- 클라우스 슈밥, 제4차 산업혁명, 새로운 현재, 2016년
- 토머스 프리드먼, 렉서스와 올리브나무, 21세기북스, 2011년
- 톰 피터스, 리틀빅씽(The Littel Big Things), 더난출판, 2010년
- 폴 길린, 링크의 경제학, ㈜해냄출판사, 2009년
- 폴 스미스, 마케팅이란 무엇인가, 거름, 2005년
- 피터 드러커, 변화 리더의 조건, 청림출판, 2008년
- 필리 코틀러, 마켓 3.0, 타임비즈, 2012년
- 필립 코틀러, 마케팅관리론(Marketing Management 11판), 도서출판 석정, 2004년
- 필립 코틀러, 마켓 4.0, 더 퀘스트, 2017년
- 필립 코틀러, 발데마 퓌르치, B2B 브랜드 마케팅, 비즈니스맵, 2007년
- 필립 코틀러, 필립코틀러 마케팅을 말하다, 비즈니스북스, 2009년
- 필립 코틀러, 필립코틀러의 마케팅 A to Z, 세종연구원, 2009년
- 한석희, 엄재근, 이혜숙, 이상기, 이대영, 4차 산업혁명, 그들이 오고 있다, 지식플랫폼, 2018년
- 헤르만 지몬, 프라이싱, 쎔앤파커스, 2017년
- Micheal E. Porter, Competitive Strategy, The Free Press, 1998
- Micheal E. Porter, On Competition, Harvard Business School Publishing, 1998
- Philip Kotler, Marketing Management, 11th Edition, Prentice Hall, 2003
- Philip Kotler, Marketing Management, Prentice-Hall, Inc., 2001

찾아보기

박성모

서울대학교 정치학과 및 행정대학원을 졸업하고, 일본 히토쯔바시(一橋, Hitotsubashi)대학 ICS(International Corporate Strategy) 과정에서 MBA를 취득한 후, 서울과학종합대학원(aSSIST)에서 영업 및 마케팅으로 박사학위를 받았다. 세계일보 사회부 기자로 사회생활을 시작하여, 한국전력공사, 일본미츠이(三井, Mitsui)물산, 삼성디스플레이를 거쳐, 현재 수원대학교 경영대학원 주임교수로 재직 중이다. 전문분야는 해외 영업 및 마케팅으로 마케팅 이론에 실무 경험을 겸비하였으며, 현재 마케팅, 협상론, 국제경영 및 국제비즈니스 문화론을 강의하고 있다.

디지털 사회의 마케팅

초판 1쇄 발행 2021년 2월 5일
초판 1쇄 인쇄 2021년 2월 10일
저   자 박성모
펴낸이 임순재
펴낸곳 (주)한올출판사
등   록 제11-403호
주   소 서울시 마포구 모래내로 83(성산동, 한올빌딩 3층)
전   화 (02)376-4298(대표)
팩   스 (02)302-8073
홈페이지 www.hanol.co.kr
e - 메일 hanol@hanol.co.kr
I S B N 979-11-6647-022-6